DXで売上拡大!

中小メーカーの変革実践ガイド

稲村浩二
KOJI INAMURA

CROSSMEDIA PUBLISHING

はじめに

製造業は、これまでに様々な進化をし続けてきました。生産の機械化をはじめとする生産性向上、製品の品質を高めるための精度向上、新しいニーズに対応するための技術開発、競争上の優位性を確立するための研究開発。これらの課題解決や目標達成のために、絶えずその手法や方向性を変えてきました。今、我々は新たに製造事業に変革を起こすための手法「ＤＸ（デジタルトランスフォーメーション）」をトリガーにして、事業の飛躍や、厳しい経営環境への対応が必要な時代に直面しています。

近年の中小メーカーが挙げる経営上の課題として、「売上・受注の停滞・減少」「求人難」「原料高」の三つが増えています（㈱日本政策金融公庫２０２２年）。また中小企業倒産原因の70％以上は売上不振です（東京商工リサーチ）。ＤＸを活用してこれらの厳しい環境に対応していくことは選択の余地がない大きな流れになっています。

私はビジネスコンサルタントとして、全国の中小企業から相談を受け、日々、中小企業オーナーが抱える課題の解決に一緒に取り組んでいます。多くの製造業の現場でＤＸ導入の取り組みを始めようとする話を聞くようになりました。必ずしもＤＸという言葉が使われているわけではなく、ＩＴツール導入による働き方改革などを意図した言葉も多いです。そんな中、導入にあたっての取り組み方や、具体的なツール選択に迷いや不安を感じて相談を受けることが多いです。また、ITツールを導入したものの現場でうまく使えていない、使わずに放置している、という悩みや諦めもよくお聞きします。

一方で、小規模企業であっても、自社に合ったITツールを使いこなし、大きな変化をもたらしている企業もあります。比較的低コストで導入できる中小規模企業に合ったITツールが増えてきているのは紛れもない事実です。

DXの波にうまく乗って企業が飛躍するためには、「何のためにITツールを導入するのか？」「導入することによって自社はどうなりたいのか？」という全社もしくは部門のビジョンをしっかり立てて、社員全員が理解し、目指すゴールをきちんと定めた導入計画を共有して実行することが大変重要です。

本書は、私のこれまでの現場経験を基に、中小製造業の「DX導入の進め方」と「具体的なDXツール」を解説するものです。成功するためのポイント、失敗例から学んだ注意点、具体的な取り組みの手順なども詳細に紹介します。

本文中にも書きましたが、DXの取り組みは単なる「デジタル化」ではありません。新しいIT技術を使って、これまでにない付加価値を創造したり、業務に変革をもたらしたりすることが重要で、そのためには企業文化や組織、人々の思考や行動の変革も必要な場合が多いです。

そこで、本書では、技術の側面だけでなく、従業員のマインドを動かすための方法や手順にも目を向けています。

また、顧客管理のためのＣＲＭツール、マーケティングに関連したＭＡツール、ホームページ自社運営のためのＣＭＳツール、営業活動管理のためのＳＦＡツールなど、今注目されるツールをカテゴリー別に、実際の製品・サービスや特徴を具体的に取り上げます。

また最終章では、実際の現場での「売上管理と顧客分析に関する課題」を「社内に既にあるデータ」を使って解決するために開発された新システムパッケージ「売上管太郎」のご紹介をしています。

中小製造業の皆様にとって、ＤＸ実現は変革や厳しい環境への対応の鍵となります。未来を切り開くための新しい方法を探求する中で、本書が一つの道標となり、ＤＸの波に乗るための後押しになれば幸いです。

２０２３年11月

稲村ビジネスコンサルティング
代表　稲村浩二

「ＤＸで売上拡大！　中小メーカーの変革実践ガイド」目次

第１章　メーカーの生き残りはＤＸ導入がカギ

第2章 DX導入でよくある間違いと気をつけたいこと

第３章　失敗しないためのＤＸの手順

第4章　DX成功に向けた組織づくり、人づくり

第5章　DXを実現するシステム・ツール紹介

第6章　中小企業の売上管理・顧客分析の悩みを解決する　売上管理太郎

第1章

メーカーの生き残りはDX導入がカギ

中小企業メーカーがDXを導入する意義

▼DXの必要性は中小企業にも喫緊の課題に

近年のデジタル技術の進歩により、社会環境全般においてデジタルデータ化が急速に進んでいます。

インターネット回線の高速化に伴い、大量の動画配信サービスが私達の身近なものになってきました。家庭生活では、外出先からの自宅の家電を制御したり、リアルタイムの映像で、留守中の状況を確認したりすることも可能となっています。仕事場では、光学読み取り装置や音声認識の精度が格段にアップして、書類のデータ化も進んでいます。取扱説明書やマニュアル類もインターネットで検索・閲覧する時代になっています。

また、製造の世界では、離れた工場の制御コントロール（IoT技術の活用）が行われていたりもします。

社外・社内からの問い合わせ対応として、AI技術を使ったチャットボットの活用が広がりました。AI技術を使ったお客様対応が最近増えていることは皆さんも実感していることでしょう。

大手企業の中には、さらに新しいデジタル技術を使ったビジネスモデルを作ったり、社内に眠っていたデータを全部寄せ集めて、競争優位になる付加価値を生み出す工夫をしたり、戦略立案への活用を進める企業が急増していることはご存知の通りです。

ＴＯＹＯＴＡとソフトバンクの自動運転ビジネス開発、離島などの遠隔地に住む人々に対するオンライン医療への社会的取り組みが話題になったり、ドローンを使っての物流テストが開始されたりしています。

今も昔も、新しい技術の拡大時に、新しい市場が生まれます。

中小企業においてもＤＸへの取り組みは無視できない状況になってきています。その取り組み方によって事業を発展させられるかどうかが決まると言っても過言ではないでしょう。

日本の国内だけでなくグローバル化の波が押し寄せ、世界中が競争相手になってきています。日本のＤＸは周回遅れだなどとよく言われますが、近年では、中小企業でも、現代のデジタル技術、デジタルデータを使い、どんなビジネスができるのか、どんな戦略が立てられるのかを考えることが、企業の存亡のために非常に重要になってきています。

経済産業省は、中小企業でのＤＸの取り組みを推進するために、中堅・中小企業のＤＸ優良事例を２０２２年に16社、２０２３年に20社を「ＤＸセレクション」として選定し、優れた成果を残した企業に授与しています。

https://www.meti.go.jp/policy/it_policy/investment/dx-selection/dx-selection.html
秋田酒造では、日本酒作りに重要な「温度」「分析値」などの数値モニターを、タンクにつけたセンサーで計測し、さらにこれを遠隔から測定・確認できるシステムを開発しています。

秋田経済研究所の2016年の調査では、秋田県内製造業で81・1％の企業が「人手不足」と回答しており、かつ「酒造り」にいたってはすべての企業が「不足している」と回答しています。勘と経験が重要となる杜氏や蔵人が「24時間常に」とも言われるほど、細かく現場に行って酒の状態をチェックするという作業は体力的にも厳しいものがあります。そこで、これらをリモートモニタリングすることで、作業負荷が大幅に軽減されたとのことです。

また、沖縄のIT企業okicom（沖縄県宜野湾市）では、自社のプログラミングなどの業務に、RPA（パソコンでの作業を自動化するツール）などを活用することにより、単純作業の省人化・効率化を実現し、その技術を使って他社の支援もしているそうです。

岡山の食品機械メーカーでは、自社主導でDXに挑戦し、基幹システムの見直しによる工程の刷新、情報セキュリティ強化、ITスキルの全社底上げを行っています。

このように、中小企業メーカーにおいてもDXの取り組みが、広がりつつあります。

▼製造業のＤＸが既に大手では進んでいる

製造業でのＤＸについては、大手企業が先行しています。紹介した受賞企業の取り組みも、既に大企業では当たり前にやっているものもあるでしょう。

しかし、製造業のＤＸで大事なのは、投資設備の大きさ、予算の大小ではなく、「変革度合い」です。同じ投資額でも、大企業と中小企業とでは、その意味合いが全く変わってきます。単なる最新技術で先を行く、ということではなく、自社の事業規模にあった予算でＤＸに取り組み、どれだけ事業が大きく変革するか、という変革度合いに目を向けるのが重要です。

また、５～６年前からある技術を導入することでも、それを取り入れることで、全体の事業戦略が大きく変わるのであれば、それはＤＸです。

▼同じツールを入れてもＤＸが実現しないこともある

実はその反対もたくさん目にします。最先端のＩＴツールを導入しても、使いこなせなければＤＸはできません。宣伝されているＩＴツールのキャッチコピーに踊らされて、導入しさえすればＤＸと思うのは大きな間違いで、会社に何も起こりません。

そもそもＤＸとは

▼デジタル化とは

ＤＸという言葉が登場する以前からあった言葉として、デジタイゼーション：digitization（デジタルデータ化）、デジタライゼーション：digitalization（デジタルデータを使った業務プロセス化）があります。日本では、これらは両方とも「デジタル化」と翻訳されることが多いですが、本質的な意味が異なります。デジタライゼーションはＩＴ化とほぼ同じ意味で、これまでの作業にデジタル技術を用いて、業務プロセスを変える（通常は効率化を目的とする）ことを指します。

デジタイゼーションとデジタライゼーションの違いを示す例を次に示します。

例1：フィルム写真 ⬇ デジタル写真化（デジタイゼーション）⬇ 写真現像の工程がなくなり、ネット上で写真を送受信できるようになる（デジタライゼーション）⬇ デジタル画像提供のネットサービス（ＤＸ）

例2：カセットテープビデオ ⬇ デジタルビデオ（デジタイゼーション）⬇ ネット上

で送受信可能にする（デジタライゼーション）➡ 携帯端末で映画配信販売サービス（DX）

「デジタル化」に対して、一般的に、DX（デジタルトランスフォーメーション：Digital Transformation）とは、デジタルデータとデジタル技術を使ったビジネス変革のことをいいます。これをもう少し詳しく見ていきましょう。

DXに至るためには、まずデータがデジタルであるということが前提になります。これがデジタイゼーションです。ただデータがデジタルでストックされているだけでは付加価値が小さいので、デジタルを使った新しい業務を作ります。これがデジタライゼーションです。

さらにそのデジタルデータを使った業務プロセスを取り込みながら、新しいビジネスを生んだり、新しいビジネスモデルを作ったり、組織や活動を変革する取り組みがDXということになります。

前述の「写真」の例で言えば、紙焼きの写真だったのが、デジタル写真になったものがデジタイゼーション。それを使って、サイトに載せたり、自分で保存して見たい時に見たり、必要なものを寄せ集めたり、そういった技術を開発したり利用したりする事象がデジタライゼーション。そのビジネスに結び付けて、Pinterest や Instagram などのメディアサービスが開発され、市場での価値が生まれたこと、これがDXと言えます。

▼DXとデジタル化の明確な違いとは

では、「デジタル化」と「DX」を線引きする重要ポイントは何なのでしょうか？

DXで重要なことは、「競争優位性」を生んだり、新しい「付加価値」を創造したり、新しい「ビジネスモデル」を作ったり、「企業の発展を目的とした戦略」に結びついていることです。

近年のデジタル技術発達とコストの低下には目覚ましいものがあります。5G、クラウドコンピューティング、AI、IoT、インターネットの高速化のような劇的な変化を背景に、ビジネスのプラットフォームとなるサービスが次々と登場し、デジタルデータとIT技術を使った新しいビジネス、サービス、業務プロセスなどの開発が可能となってきています。

反対に、現状のやり方に固執して、それらに取り組まない企業は取り残されるリスクが出始めているともいえます。

したがって、これから製造業企業として生き残るには、「市場や顧客の潜在ニーズ」をつかんだり、「競合企業、競合産業に対する優位性」を確立したりするための〝自社戦略〟を、「デジタルデータやIT技術」と結びつける発想が大切です。

そこでは、デジタル技術によって「付加価値をつける＝顧客満足度を上げる」という視点や「強い組織に変化させる」という視点が重要です。

ですから、同じツールを使っても、その企業戦略によって生み出すものは異なるでしょう。

図1-1　DX とデジタル化の違い

	名 称	定 義	例
デジタル化	**デジタイゼーション**：digitization（デジタルデータ化）	アナログからデジタル化すること	フィルム写真 ↓ デジタル写真化 ↓
デジタル化	**デジタライゼーション**：digitalization（デジタルデータを使った業務プロセス化）	これまでの作業にデジタル技術を用いて、業務プロセスを変える（通常は効率化を目的とする）こと（IT化）	写真現像の工程がなくなり、ネット上で写真を送受信できるようになる ↓
DX	**DX**（デジタルトランスフォーメーション：Digital Transformation）	デジタルデータとデジタル技術を使ったビジネス変革のこと	デジタル画像提供のネットサービス

DXで重要なことは、「競争優位性」を生んだり、新しい「付加価値」を創造したり、新しい「ビジネスモデル」を作ったりして、「企業の発展を目的とした戦略」に結びついていること

「現在の姿」と「将来の姿」のギャップは何か、現在から将来のマップに、どういう道筋でたどりつきたいか。それによって使う道具も変わってきます。自社のビジネス戦略を考えた変革が大切で、デジタル技術の導入が目的ではありません。

▼働き方改革に関する戦略検討もありうる

他方、中小企業メーカーが抱える大きな課題に、まず「人材が集まりづらい」ということがあります。製造業に限らず、一般的な職種でも、人材不足は大きな問題となっています。これらをデジタルの技術を活かして解消することは、まさに先に述べたDXの視点に相応しい取り組みだと考えます。

後述しますが、IT技術（デジタライゼーション技術）の一つであるRPA（ロボティック・プロセス・オートメーション）という技術を活かせば、これまで人がパソコンを使ってやっていた単純作業をロボットにやってもらうということができますので、一種の働き方改革にもつながります。導入して労働環境が良くなれば、「我が社に入ったら単純労働なんてやってもらいません。すぐにクリエイティブなことをやっていただきます」というような、いわば働き方改革DXをアピールすることもできますし、そうすれば就職希望者も増えるかもしれません。

中小企業メーカーが「売上改善のDX」を導入する意義

▼中小企業の大きな問題は「売上不振」

メーカーの業務は一般的に開発、生産、販売、それを支えるバックオフィスから構成されています。そのように業務分野で区切って見た場合、どうしても中小企業メーカーの場合は、「販売」分野が手薄になっていることが多いものです。

「売上管理」を取り巻く問題――売上拡大のために、どのように情報発信を行うか、新規顧客を開拓するためにどうアプローチするのか、既存顧客に対してどのように追加製品の購買促進を行うか、といったことは、近年はデジタル技術を活用することによって大きな効率化と効果アップが見込まれる分野で、まさにメーカーがDXに取り組むべき重要分野であると言えます。

ところが、往々にして、社長が技術畑の出身であったりすると、どうしても製品開発や生産の方にバランスがシフトしがちで、その販売の実態を把握するという行動に手が回りづらくなります。生産性や品質を高めるための分野のDXはもちろん大切ですが、投資額とのバランスでいうと、それらは高コストになる傾向があり、すぐには手がつけられない案件も多いかと思います。そういう時、この足元の課題とも言える「売上改善」のＤＸを検討することが第一歩です。

というのも、中小企業が倒産する原因の７割以上が売上不振です（東京商工リサーチ　２０２２年までの４年間と２０２３年１～７月）。売上不振の兆候と原因を早く知らなければ、手を打つのも遅れます。各顧客への販売状況を捉えながら、ＰＤＣＡサイクルによる改善活動を行うことは非常に重要です。

例えば、今まである1社の大手グループ傘下で、グループ内の得意先に寄り添ってある部品を作っていたとします。ラインアップも生産数も、その発注元任せで、要請通りの部品を製造・受注していましたが、これまでは何の問題も発生しませんでした。しかしその大手グループから、何らかの事情で離れないといけない、となると、どうなるでしょうか。どこのお客さんからどんな注文が来ているか、どういう頻度で来ているか、こうした情報を知るための売上管理や顧客管理の仕組みが非常に重要になってくるはずです。

また、既存顧客が〝少数で安定している場合〟には、顧客事情で注文が来なくなるリスクを考えて新規顧客の獲得を行う「ＢtoＢメーカーによる新規顧客獲得のためのＤＸ（後述35ページ）」も重要ですが、**ここでは、まず「既存顧客の売上管理」を中心に説明**します。

▼短期に分析すべき点

売上改善において、考えられる視点には、短期的なものと中期的なものがあります。

まず、短期的な期間の分析では、複数の顧客を持っている場合、次のような点が重要です。

①どう売上を伸ばすか、どう維持するか？
②商品別、カテゴリー別、事業別の売上推移がどうなっているのか？
③顧客別の販売状況が分析できているか？
—前年と比べた売上動向変化はどうなっているか？
—受注の頻度に変化は起きていないか？
④営業部員別売上の推移はどうなっているか？
⑤予算（適切な目標値）に対して実績の達成率は？
⑥予算を達成するための計画は立案されているか？
⑦予算と実績の差異や、前年と実績の差異の原因がつかめているか？
⑧差異分析に基づき、以後の計画が修正されているか？

これらを進めれば営業部門が自主的な売上管理のＰＤＣＡ活動（計画→実行→評価→以降の計画改善）の土台となります。ＰＤＣＡ活動の主要事項を管理職と営業部員で共有し、自主的に営業部員が動くような仕組みになれば成功です。そうした仕組みが現在自社にないのであれば、大きなＤＸ化のテーマになりうるでしょう。

▼中期に分析すべき点と計画

また、中期的な視点に立てば、将来的に、現在の製品アイテムもしくは製品カテゴリーがまだ伸ばせるのか、それとも衰退が予想されるのか、という分析が大切です。多くの製品カテゴリーを抱える企業ならば、現在の製品カテゴリーのポートフォリオが適切かどうかといった分析が重要ですし、さらに、製品カテゴリーの中のアイテムの売り上げ推移を見ていくことで、今後の製品開発や改良計画、販売計画等の基礎資料となります。

▼売上改善ＤＸの成功事例

花王の場合

私が23年勤務していた日用雑貨メーカーの花王では、今述べたような売上分析をかつてから普通に行っています。花王は卸を通さない直販での商流・物流が特徴です。したがって、自社の出荷データ＝顧客の購買状況であり、かつ全チェーンの店舗もしくはチェーン物流センターレベルまで売上が把握できるのです。売上の予算（目標）も事業部別、ブランド別、製品アイ

図1-2 売上改善において考えられる視点

短期的な視点

□ どう売上を伸ばすか、どう維持するか？
□ 商品別、カテゴリー別、事業別の売上推移がどうなっているのか？
□ 顧客別の販売状況が分析できているか？
　－前年と比べた売上動向変化はどうなっているか？
　－受注の頻度に変化は起きていないか？
□ 営業部員別売上の推移はどうなっているか？
□ 予算（適切な目標値）に対して実績の達成率は？
□ 予算を達成するための計画は立案されているか？
□ 予算と実績の差異や、前年と実績の差異の原因がつかめているか？
□ 差異分析に基づき、以後の計画が修正されているか？

中期的な視点

□ 将来的に、現在の製品アイテムもしくは製品カテゴリーがまだ伸ばせるのか、それとも衰退が予想されるのか？
□ 現在の製品カテゴリーのポートフォリオが適切か？
□ 製品カテゴリーの中のアイテムの売り上げ推移に基づいた期計画は？

テム別と細分化して設定し、予算に対する実績にマイナス差異が生じた時には、なぜ差異が生じているのかということを、ブランド担当の立場、販売の立場から見て、改善を施します。もし改善が施せない場合は、他の商品でどうやって売上目標との差異を埋められるか、という手立てを考えます。

予算の立て方は、最近の5年位のトレンドと、市場、競合、自社製品のポートフォリオを見ながら、努力すればここまでは達成が可能だろう、という合理性を持っています。

花王がこのような体制を早くから築いていた理由には、やはり株主に対する責任を感じているのももちろんですが、競争が激しい業界の中で確実にシェアを伸ばし、生き残る必要があったからということもあります。したがって、予算設計と売上実績管理に基づくPDCAサイクルが徹底されていたのです。

花王に限らず、こうした取り組みはトイレタリーのメーカーであれば、どの企業もやっていることだと思います。P&Gなど、外資の企業の人と話をしても、だいたい同じようなことを実施しているようです。

中小企業の売上管理・顧客分析の課題

▼マスター管理がなされていない

売上改善の視点でＤＸを見ていくために、中小企業が抱える売上管理・顧客分析に関する課題を見ていきましょう。まず、顧客や商品がたくさんあるにもかかわらず、それがデータとしてきちんとマスター管理されていないことがあります。

メーカーが売上分析を行うためには出荷データを中心に分析します。

①出荷データ（顧客名、商品名、数量など）
②卸からの出荷データ（消費財メーカーの場合）

出荷データを色々な視点で集計するために、**マスターデータの管理**が必要となります。

①顧客マスター（顧客コード、顧客名、請求先コードなど）
②商品マスター（商品名、商品コードなど）
③人事マスター（営業部員の所属部署、営業部員コード、営業部員名など）

こうしたデータがきちんと管理されていないと、知りたいことが分析できません。

また、これもよくあるケースなのですが、部門ごとに独立したクラウドサービスを導入し、そのサービスごとに独立したマスターを作って使用している、同種のマスターを部署ごとに更新管理していて、マスターの内容が部署によって異なるといった問題が実際にあります。

同種のマスターは、一カ所で登録・更新し、連携して使用できる仕組みになっていないと、システム運用に時間がかかって長続きしません。

▼運用方法と導入システム検討

売上管理・顧客分析のDXを進める場合には、集計機能や帳票表示機能だけを考えてツールを導入するのではなく、まずはマスター管理の仕組みやそのデータの流れがどのようになっていて、売上管理・顧客分析のシステムを導入した後にはどういう運用の流れにすべきか、といったシステム運用の仕組みも考えておく必要があります。

売上管理・顧客分析のシステムを準備するために、汎用的システムであるERP（統合基幹業務システム：後述187ページ）や汎用的なBIツール（後述161ページ）などをカスタマイズして使用することもできますが、中小企業メーカーにはよりコスト負担が軽いものが望まれます。

後述しますが、売上管理・顧客分析に特化したシステムのテスト運用が開始されるものもあるので、テスト使用から参加するのも選択肢の一つだと思います。

▼出荷データ（売上データ）は既にあるが、分析に必要なマスターデータが不備

DXにはデジタルデータの存在が前提ということはお話ししましたが、実は分析用の売上データ（出荷データ）は、多くの中小企業メーカー社内に、既に存在しています。そのありかは、出荷管理システムと連携した出荷伝票データです。

製品を出荷する時には、出荷伝票、納品書を作成するための元データが、会計システムで売掛計上するために、一旦どこかにストックされます。

会計システムでは、請求先ごとに売掛金の内容、出荷日をまとめるようになっていますが、売り上げ分析に必要な情報（同じ製品で同じ顧客企業でも異なる納入先を区別する：店舗、支店など）が記録できないことがよくあります。さらに、予算（適切な目標）、顧客の営業担当、前年実績と関連づけた分析をすることはできません。

売上分析に限らず、商品マスター、顧客のマスターなどは、各種業務システムで必要になることが多いのですが、前述のようにマスターの登録や運用のルールがなかったり、異なる部署の管理でマスターが一元化されていなかったりということが、私の顧客企業でもよくあります。

▼トップダウンの目標設定による問題

事業計画の一つとして、会計年度ごとに目標値または予算を設定する企業がほとんどです。トップダウンの会社では、社長から「今年はいくら目指すぞ！」というメッセージが降りてきますが、ここにも二つの課題があります。

A）願望の目標値が出る

中小企業の社長がトップダウンで目標値を示す場合、現実的な営業活動によって「これくらいはいけるはずだ」と見極めた目標値ではなく、「こうしたいんだ」という願望の目標値が出されることがよくあります。この目標値が非現実的なものだと、目標を達成できないばかりか、目標と実績の差異分析も、あまり効果的なものにならず、社員も疲弊してしまうことでしょう。

まず、「達成するといいなあ」という願望を込めた「目標」の意識から、達成できる数字をあらかじめ合理的に算定した「予算」という意識に切り替えるべきです。予算の設定のために、前年度の実績、今年度の進捗を分析し、予算設定と「来期予算を実現する活動シナリオ」を考えます。既存製品や新製品の販売計画、既存顧客への販売促進計画、新規顧客獲得の計画などを立てることになります。そのための基礎資料を作る上でも売上データに加えて、商品マスター、顧客マスター、営業部員マスターなど整備が必要になってきます。

図1-3 中小企業の売上管理・顧客分析の課題

マスター管理がされていない

- 同種のマスターを各部署で別々に作成している。
- 各部署で内容が異なっている。
- 各部署で更新しており、統一されていない。
- マスター管理の仕組み・ルールがない。

売上データ（出荷データ）は存在するが使われていない

- 売上データを分析する仕組みがない。
- 売り上げ分析に必要なマスターデータの不備。
- そのため、予算（適切な目標）、顧客の営業担当、前年実績と関連づけた分析をすることができていない。

トップダウンの目標設定による弊害

- 「これくらいはいけるはずだ」と見極めた目標値（予算）ではなく、「こうしたいんだ」という願望の目標値が出される。
- 営業部門の各営業部員の責任が不明確だったり、カテゴリーの販売計画がなかったりするため、差異分析ができない。

B）差異分析ができない

また、会社全体の予算があっても、営業部門の各営業部員の責任が不明確だったり（営業部員ごとの予算がない）、カテゴリーの販売計画がなかったり（カテゴリーの予算がない）ということもよくあります。

たとえ予算は設定できていたとしても、当該年度に入ってから各月でどれくらいの差異が出たのか、計画の実行結果が良いのか悪いのか、悪い場合、原因は何なのかといった差異分析の習慣がないという状態もよく見ます。

こうした予実分析を行う道具と習慣がなければ、売上予算の達成はなかなか難しい時代です。毎月、今年度の「実績と見込みの差異分析」を行い、既存製品や新製品、既存顧客や新規顧客への販売計画を修正する必要があります。例えば、売上達成の見込みがあると考えていた商品や顧客にきちんと差異分析、原因分析をして、これ以上売れないとわかれば、他の商品を売ったり、新規顧客を開拓したりするなどしないといけないという、販売戦略の方向転換を行うなどの必要が出てきますが、売上分析ができていなければ、それもわからないということになり、予算の達成は難しくなります。

ＨＰ活性化、ＭＡツール、名刺管理ツールなど

▼インターネット時代の「ＢtoＢメーカー新規顧客獲得のためのＤＸ」

ここでは中小企業メーカーの中で大きな構成を占める**ＢtoＢメーカー企業のマーケティングと新規顧客開拓活動に関する焦点を当てたＤＸ**について解説します。

20世紀末には、インターネットの普及とＩＴ技術の急激な発展により、新しいマーケティング手法や販売手法を用いたビジネスモデルが登場しました。ＢtoＢメーカーのマーケティング手法もその中に含まれます。

ニッチな市場、購入者が限られた市場でもＳＥＯ対策（キーワード検索時に上位表示されるような対策）を施して自社のホームページを潜在顧客に見てもらえる機会が広がり、さらにインターネット広告によりコストパフォーマンスの高い広告が可能な時代となりました。

「ホームページへの問い合わせ」は、新規顧客になる可能性が高い見込み顧客の最も有力な入口です。そもそも、「ホームページへの問い合わせが少ない」「ホームページへのアクセス数が少ない」といった場合には、ホームページそのもののリニューアルが必要なことが多いです。

ＢtoＢ企業の場合、以下のような施策が考えられます。

1）業界のお客様の悩みや課題をキーワードとしたホームページ作り。ＳＥＯ対策のための技術的手続きを含みます。

2）業界・市場で、お客様が欲しがりそうな一般的技術情報のまとめやお役立ち情報を提供し、ＳＥＯ対策とすると共に、ダウンロード時にメールアドレスと連絡電話番号を記入してもらいます。

3）ＳＥＯ対策の効果が出てくるのに半年ぐらいはかかるのが一般的なので、Ｇｏｏｇｌｅ広告などの併用を検討します。

▼BtoBマーケティングの革新（潜在顧客のアプローチから見込み顧客化まで）

集めた名刺がデジタル化されていなかったり、その他の問い合わせ情報が一元化されていなかったり、社内共有されていない場合は、名刺管理ツール（１６９ページ）を導入したり、ＣＲＭツール、ＭＡツール、ＳＦＡツール（１７２ページ）に付属した名刺管理機能を使用したりして、見込み客の管理を一元化します。

ＭＡツールでは、ホームページへのアクセス状況、ホームページでのＰＤＦ資料のダウンロード状況や展示会で得た名刺情報を一元管理することができるようになります（Zoho、

Listfinderなど：後述176ページ）。特にBtoBメーカー企業でマーケティングや新規顧客の開拓活動に人的資源を多く割いている企業では、見込み顧客の受注活動へのDX導入に取り組んでいった方がよい企業が多くあるように見受けられます。

BtoB企業では、見込み客からのアクセスが相当数あれば、MAツールを活用した効率的な見込み客管理ができます。これにより、見込み客へのアプローチ方法を社内で標準化し、効率化することが可能となります。方法としては、展示会で得た名刺情報、ホームページへのアクセス、問い合わせ欄や掲載資料のダウンロードで得たメールアドレスやIPアドレス（インターネット接続する時の番地のようなもの）などによって特定の見込み客情報を紐づけし、各種のアクションから購入の可能性のある見込み顧客を絞り込み、購入客になるよう、適切な情報提供による動機づけ、購入促進を行います。

例えば、問い合わせがあったら、問い合わせの内容に基づいてそのお客様の課題、悩み、周辺の商品の導入予定等をヒアリングし、それに応じて適切な資料を提供したり、個別の相談をオンラインで実施したりします。こうしたアプローチを続け、自社の購入見込みの確率が高い人を選別しながら、自社の商品を買ってもらえるように商品特長に関する情報を提供していきます。

また、これらのデータを蓄積することで、購入確率の高い見込み客リストを作成することもでき、さらに効果的な販売活動が可能となります。

▼先進的ＤＸの成功事例１

顧客がホームページで商品資料をダウンロードすると、資料請求先企業からすぐに電話がかかってくることがあります。資料請求先企業はそこで顧客の悩み・課題、当該カテゴリーの製品導入意向や検討内容についてヒアリングしたり、製品説明や課題解決のための相談会への招待をしたりします。本書で紹介するクラウドツールを取り扱う企業はこのような活動を行っていることが多いです。

▼先進的ＤＸの成功事例２

精密小物ばねを中心としたばね製品の老舗企業、マルホ発條工業（株）（京都府）は、４００種類以上のばね製品群をはじめ、自動包装機や省力機器、医療機器の製造、販売を手掛けている企業です。

かつての見込み顧客管理は、営業マンへの個人任せで、対面営業で知り合った顧客に営業マンが直接アプローチしていくという手法が主体でした。これを、ホームページのリニューアルと並行してＭＡツールを導入し、ホームページへのアクセスをもとに商談獲得することで、全

図1-4　潜在顧客のアプローチから見込み顧客化まで

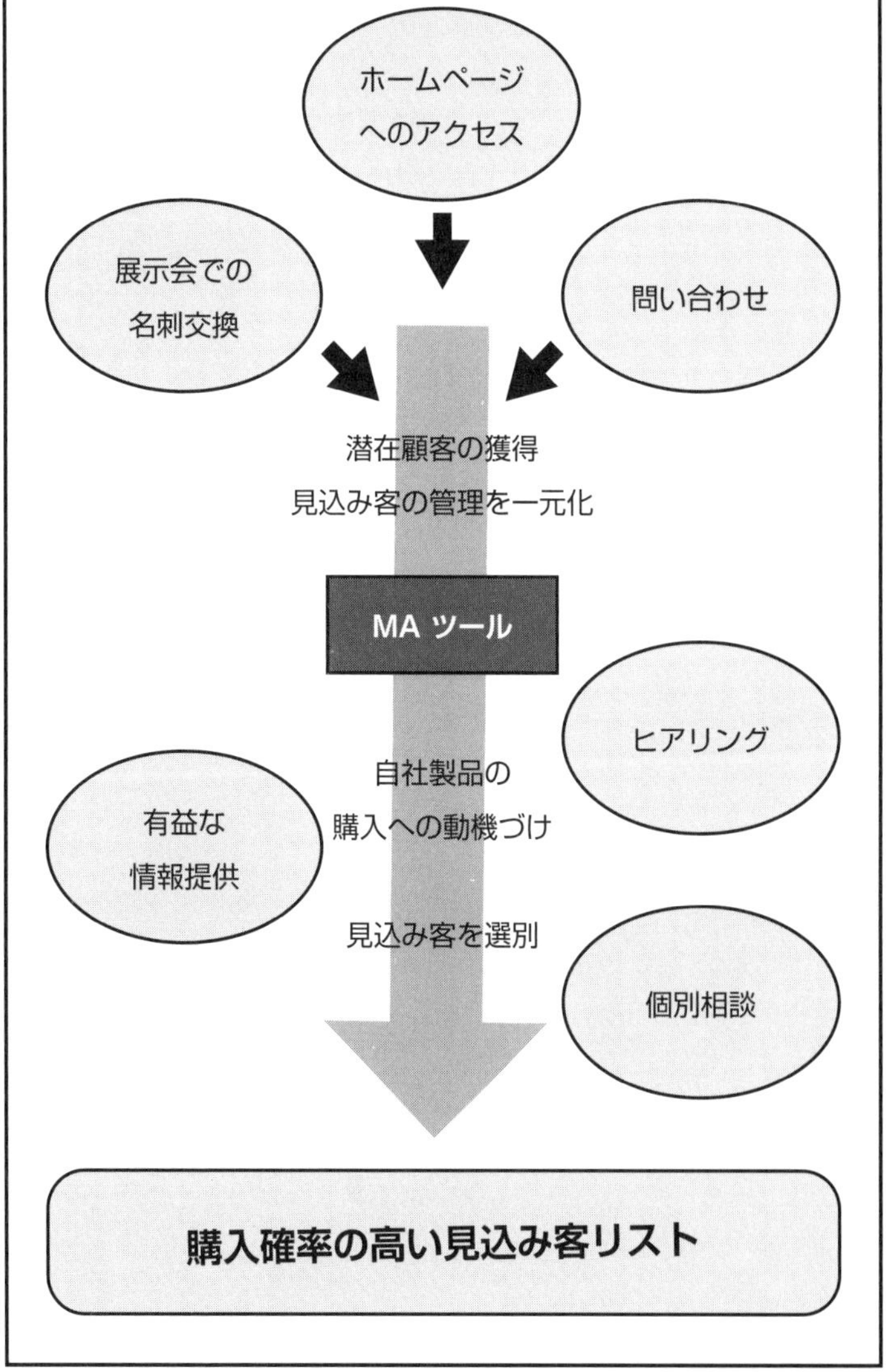

社の売上改善を実現しました。

アイテムが４０００種類以上というのが一つの大きなポイントのようです。ひと口にばねと言っても、顧客のタイプが全然違います。材料、大きさ、用途等、どんなばねがお客様にとって最適なのかを察知し、最適なものを提供するという、いわばこれはソリューションビジネスです。顧客管理を精緻に行うことで、それぞれのお客様に最適なソリューションが提供できます。

さらに、今までは展示会だけだった顧客接点を、ホームページを改訂して情報発信することで見込み顧客リストを作り、売上に結び付けていく顧客獲得プロセスを、ＭＡツールを使って作り上げました。

中小企業メーカーが「働き方改革のDX」を導入する意義　RPA

▼自動化プログラム導入による「データ入力・加工の省力化」

データ利用が増え、デジタルのデータ量が増える一方で、そのデータ入力や加工する作業が増大しているという現状もあります。それらの作業の多くが、ルーティン作業、単純作業で占められていることが多いです。

中小企業は就職の際に職場環境で判断される面が、大手企業よりも大きいかもしれません。人材の獲得に苦労する中で、RPA導入により単純作業や繰り返し作業の自動化を進め、創造的な業務に専念しやすい職場環境が実現できれば、人材獲得戦略として大きな武器になりうるのではないでしょうか。

RPA（Robotic Process Automation）は、こうした単純作業を人の代わりに自動で行えるツールです。決まった手順の定型事務や繰り返し行うルーティンワークなどを自動化します。RPAソフトウェアは一般的に「ロボット」と呼ばれます。

RPAで自動化できる一つの例は入力業務です。毎日繰り返し行われている交通費精算、伝票入力、データ格納などの業務を自動化できるようになります。これらは非常に単純な作業とはいえ、ミスが許されない作業であり、決して楽な仕事ではありません。そこでＲＰＡの力を借ります。

大手企業の方が導入率は高くなっていますが、比較的安価で、非常に使いやすいＲＰＡも登場してきています。例えば、導入がおよそ20万円で、月の利用料が５万円、つまり初年度の予算約80万円で導入できる、初心者でも使いやすいＲＰＡもあります。したがって、１人分の仕事がもし仮に省力化できるとすれば、収益アップにも貢献するということになります。作業コストで比較して人件費とロボットのどちらが安いかというのが一つの導入指標だと思います。

ただ、実際に導入する前に業務分析を行い、どの部分をロボットに任せられるか、という確認をしておくことが大切です。また、ライセンスが何ユーザー分必要になるのか、省力化により余剰人員ができた場合、何の仕事をしてもらうのか、といった働き方改革設計が重要です。

図1-5 自動化が人材獲得戦略として大きな武器に

RPA（Robotic Process Automation）

＝

業務上の単純作業を人の代わりに自動で行えるツール。

定型業務や繰り返し行うルーティンワークなどを自動化できる

RPA の活用例

- 交通費精算の入力
- 請求書データ・支払い関係のデータ入力作業
- 異なるシステム間での定期的なデータ移転
- 定型レポート類の作成
- インターネット情報の定期的な検索とレポート作成
- 反社チェック
- 多くの製品の在庫状況の確認
- 問い合わせ内容の転記、など

DXの潮流

▼既存システムとのデータ連携を考えた全社設計図が重要

基幹業務（受注、製造、出荷、請求、会計、人事、労務など）を広範囲にカバーするＳＡＰなどのＥＲＰ（統合基幹業務システム：１８７ページ）は、大企業（従業員５００人以上）で6割以上が導入していますが、中小企業（11～１００人）では3割にとどまります（ITmedia ２０２２年調べ）。

中小企業メーカーの典型例は、会計システムと出荷伝票の発行システムは整っていますが、他の領域でのＩＴ化が遅れていることです。他の領域のＩＴ化を進めるには、コスト面を考えると特定業務に焦点を当てたシステムの導入検討が有力になります。初期コストを抑えることができるので中小企業メーカーにも導入しやすいというメリットがあります。

ただ、その反面、注意しないといけないこともあります。特定業務のシステムを入れることによって、ＥＲＰのように全社一斉開発はしなくて済みますが、だからといって、事業および会社全体の業務プロセス設計の検討が不要になるわけではありません。それを考えずに対象部門の部分開発をすると、後で整合性が取れないことになってしまうことが多いです。特定業務のシステムによる部分導入の場合でも、関連する部門も含めた将来設計図を描いた上で、重要かつ効果が大きい領域から取り掛かることが大切です。

忘れてはいけないのは、全社の設計図に合ったシステムを選ぶということです。具体的には、中小企業の場合は対コスト効果という問題も重要ですが、新しいシステムを一部の部門で導入したとしても、顧客マスター、商品マスター、人事マスターなどが後から導入したシステムと共有できるかどうかということも考えなければなりません。

例えば名刺情報管理システム。安価だ、無料だという理由である製品を選んでしまい、MAツールなどと連携させようとした時に、データ連携できないなどということもあります。

▼ノーコードツール

ノーコードというのは、プログラミング言語を使わずに、ユーザーが自ら初期設定したり、カスタマイズしたり、アプリケーション（特定目的のソフトウェア）を開発したりするために、視覚的なドラッグ&ドロップや文字入力などで作業が行える機能を持つツールを指します。専門的なIT人材がいなくても開発可能なノーコードツールが一つの潮流となっています。

ところがメーカーが「ノーコード」と謳っていても、レベル差があるのが現状です。メーカー側に設定をお願いしないといけないようなものから、連携の時にメニュー形式で選択すれば直感的に設定できるレベルのものまであります。

図1-6　DXの潮流

特定業務に絞ったツールのメリットと注意点

○　初期コストも抑えることができるので
中小企業メーカーにも導入しやすい。

×　業務分析をせず対象部門のみ部分開発を
すると、後で全社、他部署との整合が
とれないことになりうる。

ノーコードツールとは

ノーコード
＝
プログラミング言語を使わずに、視覚的なドラッグ＆ドロップや文字入力などでアプリケーション開発を行えるツール。

「ノーコード」といっても難易度にレベル差があるので注意が必要

第2章

DX導入でよくある間違いと気をつけたいこと

DX導入の失敗例①

大規模の全体システムを長い期間設計して、一斉取り替え

▼導入規模が大きい際のリスク

企業で浸透している大規模システムといえば、まっさきにＥＲＰシステムを連想します。

ＥＲＰ（Enterprise Resource Planning：統合基幹業務システム）は、製造業でいうと受注、製造、出荷、請求、会計、人事、労務といった社内の基幹業務を統合的に管理するシステムです。

ＩＴ業者が持つ既製のパッケージシステムでは、現在の個別の業務プロセスに合わないことも多いので、企業ごとの要望を取り入れカスタマイズし、導入することがよくあります。

ＥＲＰは基幹業務を統合するシステムであるため、計画を開始してから実際の運用に至るまで相当な時間がかかることが一般的です。近年では導入期間が短縮されましたが、それでも3カ月～9カ月と言われ、実際には1～1・5年という長い期間がかかることも多いようです。

全部門に関わる仕組みですので、初期設定にも時間がかかります。一つの仕組みといえども、部署ごとに使っている用途・目的が違うので、現場のニーズを細かくヒアリングしなければならないからです。

図2-1 「スモールスタート」

ERP（統合基幹業務システム）などの導入でよく起こること

- 全社的大規模なシステム導入では、計画を開始してから実際の運用に至るまで相当な時間がかかる。
- 一つの仕組みでも、部署ごとに使っている用途・目的が違うので、現場のニーズを細かくヒアリングしなければならない。
- 開発期間が長いと、その間に導入企業の業務環境、業務プロセスが変化したり、担当社員の課題認識が変わったりして、当初予定していた通りに導入・運用開始が進まなかったり、計画した通りの課題解決が達成できなかったりすることがある。

↓

中小企業の場合は、「スモールスタート」や「システムの使いこなし」を視野に入れることが成功の鍵

開発期間が長いので、その間に導入企業の業務環境、業務プロセスが変化したり、担当社員の課題認識が変わったりして、当初予定していた通りに導入・運用開始が進まない、あるいは計画した通りの課題解決が達成できないということもよく起こります。また、ERPに限らずシステム導入の際によく耳にする話では、時間をかけて計画し、カスタマイズ要件をあれこれ入れて完成し、テスト運用を経て導入準備している間に人事異動が発生し、現場の業務内容やニーズが変わることもよくあります。だからといって導入期間を短くしようと、業務分析をおろそかにして、機種選定や開発をしてしまうと、現場の実状に合わない、使えない仕組みになってしまいます。

▼「スモールスタート」を視野に

ERP導入の際に起こりがちな、そうしたリスクを減らすため、オラクル社などはOracle Cloud ERPで段階的に導入を行う「スモールスタート」と「使いこなしのための導入研修」を提案しています。ERPシステムを全社導入するとなると、そんなお金はかけられないという中小企業も多いのが現実です。そういう意味でも、こうしたスモールスタート、あるいは小さな規模での「特定の業務単位でクラウドシステムを導入」や「使いこなしの研修を重複する」といった考え方も有力になってきます。

DX導入の失敗例②

業務分析なしで導入

システムの導入・開発の際には、事前に、現在の業務プロセスと課題を知るための業務分析が必要です。業務分析をやらずに、導入スタートした場合、様々な問題が起こります。

業務分析では、次のようなことを行います（第3章で詳述）。

▼①業務項目の洗い出し

各部署、各役割の人が、どんな仕事を、どういう目的で、どのくらいの時間をかけて、何をどういう手順で、何を使って（既存のシステムを含む）業務を進め、どういうレベルの達成をしているかを洗い出します。

ここでいうレベルの達成というのは、アウトプットは何かということになります。そこでは、「本来こういうことまでやりたい」というところと、現実的に「こういうところで仕方がなく止まっている」というものと両方を認識しておくことが大切です。

▼②どんな課題が存在するか

その業務の流れの中で課題は何かを洗い出します。現場の業務上で起こっている問題点と同時に、会社が目指す将来も見据えて、あるべき姿、ありたい姿とのギャップを明らかにします。

▼③業務フローを既存システムも含めて作成

①の業務項目ごと、または複数の業務項目について、業務全体の業務プロセスを作業単位に区分して、作業の流れや関連性がわかるようにフローチャートを用いて可視化します。その中で既存システムと使う人との関わりもわかるようにします。例えば、特定の部署の人が、業務フローの中でデータ入力して、別の部署の人がそのデータを集計する、といった流れです。

部署単位でヒアリングした「①業務項目ごとに洗い出した〝過剰と思われる時間〟」や、先だってヒアリングした「②どんな課題が存在するか」で確認した事項以外にも、「③複数の部署にわたる複雑で非効率な作業ステップ」の存在や「④二重業務」が見つかることがあります。

業務分析でなにより重要なのは、現場の人の協力です。大きなシステム導入ほど、現場の人から見ると「だいぶ先のことなんだから……」「そんなに細かく聞かれても……」というように、ヒアリングへの回答にも身が入らないというようなことは少なくありません。プロジェク

図2-2　業務分析の概略

業務項目の洗い出し

各部署、各役割の人が、どんな仕事を、どういう目的で、どのくらいの時間をかけて、何をどういう手順で、何を使って（既存のシステムを含む）業務を進め、どういうレベルの達成をしているかを洗い出す。

どんな課題が存在するか

その業務の流れの中で課題は何かを洗い出す。
複数部門にわたる課題にも注意する。

業務フローを既存システムも含めて作成

業務全体の業務プロセスを作業単位に区分して、作業の流れや関連性がわかるようにフローチャートを用いて可視化する。その中で既存システムと使う人との関わりもわかるように示す。

ト自体、開発担当者に任せっぱなしで、結局現場への充分なヒアリングがないまま、開発をスタートしてしまうのは失敗のもとです。開発する側も長いスケジュール管理をしなければならず、デッドラインもあるため、そこその準備でスタートすることになることも多いです。こうなるといい結果にはつながりません。

2018年12月に**経済産業省（METI）が公表した**『デジタルトランスフォーメーションを推進するためのガイドライン』に以下のような**失敗ケース**が掲載されています。

1）事業部門がオーナーシップを持たず、情報システム部門任せで開発したので、新システムが事業部門の満足できるものとならない。

2）ベンダー企業が情報システム部門としか話ができず、事業部門と話ができていない。

要するに、単なるデジタルプロセス化が目的になっていたり、**現業の業務プロセス未理解により導入失敗**したりすることになります。

現場の業務プロセスの課題を洗い出して、業務プロセスを改善するためには、業務分析に現場の協力をしっかり得ることが重要です。業務分析の必要性を現場の方々とその管理者に、自分ごととして十分理解していただく、という姿勢が大切なのです。

DX導入の失敗例③

関連部門の業務分析をせずに導入

▼おろそかにすると手作業やデータの分断が発生する

第1章でも述べましたが、コスト面からＥＲＰ（統合基幹業務システム：187ページ）のような全社網羅的な基幹システムを避け、各部署で各業務用のシステムを導入しようという傾向があります。一般的には、初期費用や運用負担が少なく、小規模な投資で済みます。

しかし、各部門で、使いやすい、安価な業務用システムを導入するのは比較的容易ですが、そこには注意が必要です。準備が不充分だと、各部門で共通に必要なデータ類の共有ができずに各部門での入力・メンテナンス作業が発生したり（商品マスター、顧客マスター、人事マスターなど）、不整合が生じたりします。

また、重複した入力作業が発生することになったり、他部門から引き継ぐデータを手で再入力したり、Ｅｘｃｅｌデータで受け取り、頻繁にアップロードしたり、作業コストが膨れ上がったりします。したがって、全社的なシステムを開発する場合は当然ですが、部門導入や部分開発の場合でも、関連部門の業務の流れはしっかり分析すべきです。

マスターはどこで管理し、業務フローにおけるデータの流れに複数部門が関わっているならば、どのようにデータを共有・連携するか、そうしたフロー図を作って方法をあらかじめ考えておくことが重要です。でなければ、各システムに分断されたデータが分断されたまま蓄積されたり、手入力作業が増えたりすることになります。また、現状でそういうことがないか確認が必要です。

また、全社的なシステム・ERPを導入する場合は、もちろん、全対象部門の業務分析が必要です。忙しく協力度が低くなりがちな部門も含めてしっかり業務分析を行い、課題が解決できる「適切な機種」を選定し、最低限必要なカスタマイズ、適切な初期設定などを行う必要があります。業務分析が不充分ですと一部の部門にはフィットするが、他部門ではフィットせず、改修を迫られるということが起こります。

図2-3　業務分析を怠ると……

✕ 各部門で共通に必要なデータ類の共有ができずに、各部門での入力・メンテナンス作業が発生。

✕ 重複した入力作業が発生。

✕ 手動での再入力や、Excel データの頻繁なアップロードなどが発生。

部門導入や部分開発の場合でも、関連部門の業務の流れはしっかり分析すべき！

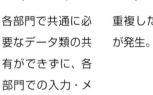

DX導入の失敗例④

業務の将来図を描かずに導入

▼責任者が代わって「作り直し」にならないために

長期にわたるERPシステム開発期間中に現場の業務内容やニーズが変わったり、人事異動で担当者のシステムへの期待内容が変わったりすることがある、ということを先に書きました。

▼「システム仕様」を見せるということではない

このように社内でのシステム設計が充分共有されず、組織変更によって起こるやり直しを防ぐために、**将来図・設計図をできるだけ広く関係者に共有**しておくというのが重要です。

ここで言う将来図というのは、「この業務プロセスを変えるとこれだけ楽になる」というレベルの話ももちろん重要ですが、「会社戦略としての将来を見据えた構想」がより重要です。例えば、「営業活動をこう変えて効率化を行い、付加価値の高い特定の仕事にシフトする」といったものです。会社の中期戦略構想があって、「その実現のために、こういうシステムを作るのです」ということを合意しておくことが重要です。

図2-4　将来図・設計図を共有

「この業務プロセスを変えるとこれだけ楽になる」だけでなく「会社戦略としての将来を見据えた構想」がより重要

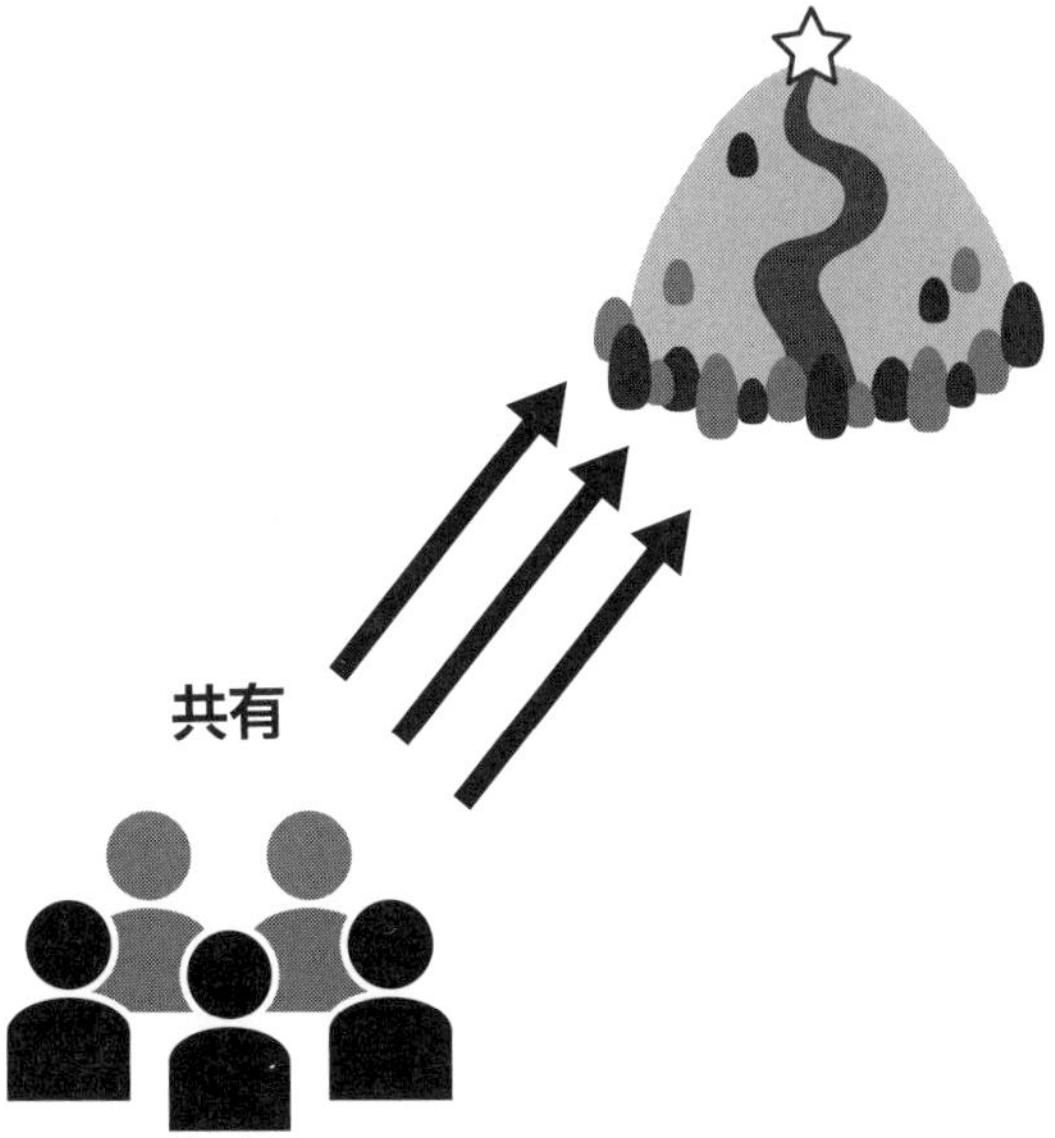

「営業活動をこう変えて効率化を行い、
付加価値の高い特定の仕事にシフトする」

▼

「その実現のために、
こういうシステムを作るのだ」

時間が経っても位置が変わらない北極星のような指標を全社で共有することは難しいものですが、少なくとも右か左という時に「右だよね」というレベルにはできるだけ合意を取っておきたいものです。そうしないと大改修となり、開発に関わった人の仕事も無駄になります。

DX導入の失敗例⑤

将来の事業ビジョンを立てずに導入

▼共有すべきはビジョン

ＤＸは単なるデジタル化ではありません。市場でのシェアを上げたり、競争力を高めたり、提供する製品・サービスの付加価値を高めたりという、将来に向けての事業ビジョンを実現するためのツールとして、デジタル技術の活用を行うのがＤＸです。

将来のビジョンを実現するためにデジタル技術を活用をしたり、ＩＴ導入によって事業活動に付加価値をつけたりすることで投資価値が高まります。でなければ、単にソフトウェアを入れてある程度のデジタル化、効率化は進みますが、投資に見合った効果が生まれにくいです。

マーケティングの世界では、顧客のロイヤルティ強化、製品の継続使用を促進するために、購入時に登録した顧客にメルマガなどの送信を継続的に行う企業が増えています。

特にＢ toＣの事業分野では、新製品の購入促進のためにＣＲＭ（Customer Relationship Management：企業と顧客の関係管理）施策も盛んです。あるサプリメントの会社は、資料請求者に継続的にパンフレットを送ったり、購入者に直接電話をかけ、使用感や何かお困りのことはないかとヒアリングしたりして、今後の事業活動を改善することを一生懸命やっています。そうしたＣＲＭツールも安価で導入できるものがたくさん登場してきており、企業も導入しやすい環境になってきています。

しかし、これらは単なる道具にすぎません。前提として、どういう施策を実施してお客さんを継続使用者にするのか、さらにさかのぼれば、どういう事業でありたいのかという会社の事業戦略が会社全体で共有されていなければ、道具を使いこなせずに終わってしまいます。

ある消費財メーカーではＣＲＭ施策を実施するために、ソフトウェアを導入しましたが、明確なビジョンも、顧客へのアクセス方法も検討されぬまま、投資のみで放置されていました。

先にご紹介した『デジタルトランスフォーメーションを推進するためのガイドライン』（経済産業省）に以下のような失敗ケースも掲載されています。

戦略が欠落して単なる技術起点による導入と検証は疲弊と失敗のもと。仮説を立てずに実行することも失敗の原因。

ここでは、**技術の導入が優先されて、何をしたいかという戦略的目的、またはそれに沿った仮説がなければ失敗する**ということを言っています。

図2-5　共有すべきはビジョン

ビジョン

「戦略が欠落して単なる技術起点による導入と検証は疲弊と失敗のもと。仮説を立てずに実行することも失敗の原因」

『デジタルトランスフォーメーションを推進するためのガイドライン』（経済産業省）より

どんな事業でありたいのか？

どういう施策を実施してお客さんを継続使用者にするのか？

何を導入するか？

DX導入の失敗例⑥

複数のシステムのデータ連携や運用を考えずに導入

▼データ連携などの運用は重要

私のお客様の中小企業メーカーも含めて、こんな話がよくあります。部門ごとに、システム導入を進めると、マスター類（商品、顧客、人事の各情報）が共有できず、各部署で入力・メンテナンスが必要になり、さらに、同じ種類のデータ（例えば在庫データや売上データ）なのに部署によって集計データに差異が生じることがあります。ばらばらのシステムを使い続けて、後から統合するのはかなり労力がかかることを物語っている事例があります。

第一勧業、富士、日本興業の3銀行が再編して誕生した「みずほ銀行」は、営業初日（2002年4月1日）に現金自動預入払出機（ATM）の障害が発生、公共料金自動引き落としなどの口座振替に遅延が生じるトラブルが起き拡大した。（中略）この大規模システム障害は、銀行の経営統合に際して生じたものだった。旧3銀行が経営統合してみずほ銀行とみずほコーポレート銀行が発足した際にトラブルが発生した。トラブルの直接的な原因や根本的な原因は比較的シンプルだ。旧第一勧銀と旧富士銀の二つの勘定系システム、（口座の残高計算や利息計算などを実行する業務システム）を連携させる仕組みや、口座振替の処理を旧3行の勘定系システムに振り分ける仕組みにバグや問題があった。根本的な原因としては、無理のあるスケジュールでシステム統合を強行したことなどがあった。（日経ＸＴＲＥＮＤ）

問題となった勘定系システムを刷新するスケジュールは遅延を重ねやっと２０１９年に改修が完了したが、それまでの間、２００２年、２０１１年に大きな障害を起こしている。

さらに、２０２１年２月からの12カ月で11回のシステム障害を起こしているが、システム開発に手いっぱいで、システム運用（サーバーやネットワークがトラブルで停止しないように、システムの管理・運用を行う仕事）を軽視した結果だという見解がある（日経ＢＰ　日経クロステック／日経コンピューター副編集長：Forkwell Press 記事）。

少なくとも複数のシステムを初めに計画がなかったのに後から統合すること、旧システムを残しながら新システムに移行することは非常にリスクを伴うことを示唆しています。部分開発するにしてもそのデータをどう全社の流れに組み込むかということや導入システムの運用方法は、あらかじめ全社を俯瞰して考えなければならないでしょう。

DX導入の失敗例⑦

現場の負担が大きく、現場に直接メリットのないものを強制

▼新たな負担を現場は嫌う

人間は基本的に変化を嫌います。こと現状に比べ負担が増えるような変化を嫌います。だからこそ、前述のような会社のビジョン、戦略、会社全体のメリットをしっかり共有することが大切になります。共有が不十分なまま負担を強いるようなことがあると、信頼関係に影を落とし、以後不信感から何を依頼しても言うことを聞いてもらえない状況に陥ることもあります。

これは私が知人に聞いた話です。中堅の電光看板のメーカーで、人員配置の最適化のためにボトルネックになっている工程を知ろうと、工程作業の前後にパソコンへの入力を上司が現場に依頼したところ、「作業が増えるのでやりたくない」と現場の大反対にあって、システム導入を断念したそうです。後から座席から離れずにコードスキャンにすれば負担をかけないで済むと気づき、依頼し直しましたが〝負担を強いる管理職〟と思い込まれ受け入れられませんでした。

もう一つの例は営業管理ツールを導入したものの使用を中止した会社の話です。典型的な例として、社長が「営業活動の見える化」という言葉に反応して導入したものの、営業マンの活

図2-6　新たな負担を現場は嫌う

共有が不十分なまま負担を強いるようなことがあると、信頼関係に影を落とし、以後不信感から何を依頼しても言うことを聞いてもらえない状況に陥ることもある。

現場を説得する二つのパターン

トップダウン	メリットの強調
現場の業務にはあまりメリットが無いが、「会社全体としてこういうメリットがあるからやってくれ」と依頼する。	現場の業務にメリットがあるようにつくり、「こういうメリットがあるから」と説得する。

動入力に関する負担が増大し、一方で営業マンにとってのメリットも感じられないということで、頓挫してしまったということを時々聞きます。これは、私の会社員時代にも経験しました。

米国で作られた営業管理ツールは、日本の会社習慣に合わない面もあります。米国は国土が広く、営業が会社から遠く離れ長い期間仕事をするというのが普通です。日本のように上司と定期的にフェイストゥフェイスで信頼関係を築いて仕事を進めるということができません。

▼トップダウンか、メリットを強調するか

新たなツールを導入し業務プロセスを変更する場合、上司の推進の仕方には二つやり方があります。一つは、現場の業務にはあまりメリットがないが、「会社全体としてこういうメリットがあるからやってくれ」というスタンス。もう一つは、その仕組み自体を、現場にもメリットがあるように作るというスタンス。どちらかです。

前掲の営業管理ツールの導入に成功している企業は、元々トップダウンの風土があるか、大企業内で活動のサマリーを見たい管理者と営業部員の間に何階層かあり、営業部員自身がしっかり活動のＰＲをしないと不安を感じるような企業のようです。

DX導入の失敗例⑧

DX用語を誤解して、思わぬ結果に

▼ノーコードと言っても様々なレベルがある

1章でも述べましたが、ノーコードとは、専門的なプログラミング言語を使わずにアプリケーション（特定目的のソフトウェア）を開発、初期設定やカスタマイズができる機能で、ノーコードツールが備わっているクラウドシステムが増えてきました。

ノーコードを、「システムを利用するユーザーが直接開発に携われる（もしくは初期設定やカスタマイズができる）ソフトウェアです」とメーカー側はアピールすることが多いようです。操作はドラッグ&ドロップや文字入力によって行います。

しかし、プログラミング言語そのものを知らなくても、システムの仕組みに関する基本構造を理解していないと、初期設定が難しかったり、ある程度システム設計の知識がないとマニュアルが理解できない書き方になっていたりする場合も多いようです。

そのため、専任者がメーカーのトレーニングコースを相当な時間受ける必要があったり、結局、メーカー側にシステム構築を依頼しないと進まなかったりする場合もあります。

したがって、導入検討時には、社内の運用候補者に協力してもらい、システム構築の具体的操作をメーカーから説明を受けたり、「無料トライアル期間」などを利用したりして、社内で初期設定作業等ができそうか、しっかり見込みを立てておく必要があります。

▼データ連携可能と言ってもいろいろなレベルがある

データ連携とは、異なるシステムやアプリケーションの間で、データを共有することを指します。ただし、「〇〇システムとデータ連携できます」という同じ宣伝文句にもいろいろなレベルがあるので、事前確認が必要です。

例えば、システムAのデータをシステムBで使いたい場合、主に四つのパターンが考えられます。

①システムAからCSVデータをダウンロードして、システムBへアップロードできる。

②システムAからシステムBへ直接取り込むことができるプログラム開発が可能（開発費用をかければBシステムでAシステムのデータを取り込むことができる）。なぜなら、API（Application Programming Interface：外部からのシステムAが保持するデータの呼び出し方を規定した決まりごと）がシステムAのメーカーによって公開されているから。

③システムBのメーカーでシステムAのデータを直接取り込むプログラムが、オプションと

図2-7 「データ連携可能」の種類

システムAのデータをシステムBで使いたい場合

システムＡからＣＳＶデータをダウンロードして、システムＢへアップロードする。	データの取り込みごとに手作業が発生する。	すべて「システムBは、システムAとデータ連携可能」と表現されることがある
システムＡからシステムＢで受け取ることができるプログラム開発ができる（開発費用をかければシステムＢでシステムＡのデータを取り込むことができる）。	APIがシステムＡのメーカーによって公開されているので開発可能。	
システムＢのメーカーでシステムＡのデータを取り込むプログラムが、オプションとして開発済み。	オプションなので、追加費用がかかる。	
システムＢのメーカーでシステムＡのデータを取り込むプログラムが標準装備されていて使用可能。	ノーコードで設定が必要なもの、ほぼ最初から標準メニューでデータを取り込めるものなどがある。	

して開発済み（オプションなので、追加費用がかかる）。
④システムBのメーカーでシステムAのデータを取り込むプログラムが、標準装備されていて使用可能（この中にも、ノーコードで設定が必要なものがあったり、ほぼ最初から標準メニューでデータを取り込めるものがあったりする）。

①～④は、すべて「データ連携可能」と簡単に表現されていることがあります。

▼MAツールはマーケティングを自動化する？

MAツールは、見込み顧客の情報を一元管理し、見込み顧客と企業のアクセス履歴を記録できるツールです。メールアドレスなどをキーコードに、見込み顧客から購入者になるまでの過程をトレースし、データ蓄積により購入確率の高い顧客をリスト化できるので、効率的、効果的な営業活動ができます。

以前に比べると、マーケティング活動の現場でも導入が進み始めていますが、依然として漠然としたイメージしか持っていない方もいらっしゃるのではないでしょうか？

MAは、マーケティングオートメーション（Marketing Automation）の略ですが、私はMA＝マーケティングアシスタント（Marketing Assistant）と考えた方が良いと考えています。

「自動でマーケティングをやってくれる」と思って導入したけども、実際には自動ではなかったので放置している、という企業も多いようです。もちろん、うまく使えば強力なアシスタントになりうるので、大変もったいないことです。

MAツールが持つ機能は、機種や目的によって異なりますが、共通した大まかな機能は、潜在顧客へのアプローチから、見込み顧客化、顧客化の流れの中で、顧客化までのアクセス情報を一元化し、効率的なマーケティング活動を支援してくれることです。MAツール使用すると、次のような顧客へのアクセス履歴を一元管理でき、管理者に次のアクション実施を促したり、購入可能性の高い見込み顧客の選定支援をしてくれたりします。

①自社・他社が扱う製品カテゴリーに関して興味を持つ潜在的顧客が、SEO対策（キーワード検索での上位表示）でHPに訪れます。その製品カテゴリーのことをもっと詳しく知ることができるように、他社も含めた製品群の種類・タイプ・選び方などの一般知識情報を手軽にダウンロードできるようにHPに準備します（メールアドレスや電話番号を登録してもらう）。

②電話で顧客の悩み、課題、商品カテゴリーの購入決定度合いを電話ヒアリングし、ZOOMでの相談時間を設けたり、商品情報の提供を行ったりします。

③商品関連の追加情報（ユーザー評価や使用事例）、セミナー案内、メルマガによる関連情報を提供し、自社製品購入を促進します。
④展示会などで得た名刺情報とも紐づけ可能なシステムも多いです。

▼クラウドとオンプレミス

クラウドシステムとはネットワークに接続された自社外にあるサーバーに搭載されたサービスを、インターネットを介して活用するシステムのことです。

それに対し、オンプレミスは、自社にあるＰＣ（または自社サーバー）にインストールされたソフトウェアを活用するシステムを言います。

一般的に、オンプレミスはソフトウェアが自社のサーバーに存在するため、自社の環境に適したカスタマイズが比較的容易と言われます。一方、クラウドは特に初期費用を抑えやすく、導入期間もオンプレミスより短くて済むことが多いです。またメンテナンスを自社で行う部分を少なくできるメリットもあります。

どちらも一長一短あり、用途や機種によっては、どちらかに限定されることもあるので、用途・使用環境・予算等と併せて検討することになります。

▼パッケージ開発とスクラッチ開発

パッケージ開発とは、既にできあがっている既成のシステムをほぼそのまま使うか、あるいは企業に合うようにカスタマイズして開発することです。これに対しスクラッチ開発とは、自社のオリジナルのシステムをゼロから開発することをいいます。

やはりこれについても一長一短があります。スクラッチ開発はオリジナルなので、うまくいけば自社のやりたいことが完全に叶えられるシステムの構築が可能になります。その代わり、費用は高くなります。また業務が変わればシステムを一から見直す必要も出てきたり、トラブルの際に他社事例などはなかったり、ということになります。

パッケージ開発は、既製品を活用するので、比較的安価で導入できますし、使用事例、トラブル事例なども豊富に蓄積されています。しかし、開発に関してはどうしてもカスタマイズに制約が生じ、業務をシステムに合わせる面も大きくなります。また場合によってはカスタマイズを行えば大幅なコスト増になることもあります。

まず、パッケージ開発品で目的に合うものがあるか探索し、なければスクラッチ開発も視野に入れて開発導入を検討することになります。

DX導入の失敗例⑨

価格表比較にご注意

ホームページなどの価格表には、機種によっては価格表には記載されていないが、詳細な見積を頼んだ段階や、導入直前になって価格表に書いていない費用が必要であるとわかることが多いので注意が必要です。いくつかの機種を選定し、営業から見積の説明を受け、必要な費用がどこまで含まれているのか確認する必要があります。以下、主要な費用項目です。

▼ソフトウェアライセンス費用

まず、ソフトウェアライセンス費用は、ユーザー数で変わることも多いです。何人使うかが変わればコストも大きく変わります。それに対して、全社のユーザー数でライセンス費用が変わらないソフトウェアもあります。

▼導入費用

導入費用が書かれている場合と書かれてない場合があります。また、導入のための初期設定や必要なデータのアップロードに関してメーカー、ベンダーの支援を要する（追加的な導入費用がかかる）ものから、自社でできる手軽なものまであります。

ノーコードの箇所でご説明した、自社でできるか確認が必要、というのは初期費用に大きく関係します。メーカー、ベンダーの支援が必要な場合は多いです。たとえノーコード型であっても自社でできなければ、メーカー、ベンダーに支援を依頼したり、研修を受けたりする必要があります。研修支援プログラムが無料、有料の場合があります。

▼カスタマイズ費用

使いやすくカスタマイズしたいが自社でできなければ、カスタマイズ費用が必要になります。導入費用と同様です。

▼導入後のカスタマイズ費用

後からカスタマイズ内容を追加・変更すれば費用はもちろん追加されます。気づいていないことが多いのは、「ソフトのコア本体のプログラムが大きく変更になる様々なバージョンアップの時には、またカスタマイズ費用が発生する」と、いうことです。

▼オプション費用

初期打ち合わせ時に、「〜なことはできますか?」という問いに「できます」という回答をもらっても、必要な機能がオプション機能として基本料金にプラスされることもあります。

▼保存データ量やソフトウェア使用量による追加費用

保存データ量やソフトウェア使用量によって、料金が変化する場合(従量制)があります。

▼運用委託費

自社で運用できないのであれば運用委託費が必要です。例えば、定期的にデータをアップデートしたい時に、大量のデータのフォームを加工依頼しなければならない場合もあるかもしれません。

▼社員による運用トレーニング費用

自社になかったデータを新たに格納するような、これまでやったことのない作業を行うにあたって、マニュアルを読んだだけでわからなければ、社員のトレーニング費用がかかりますが、無料で実施しているメーカーもあります。

図2-8 おもな費用項目

項目名	内 容
ソフトウェアライセンス費用	利用に関するライセンス費用。ユーザー数で変動するものと固定のものがある。
導入費用	導入の際に必要な費用。導入のための初期設定や必要なデータのアップロードに関してメーカー、ベンダーの支援を要する（追加的な導入費用がかかる）ものから、自社でできる手軽なものまである。たとえノーコード型であっても自社でできなければ、メーカー、ベンダーに支援を依頼したり、研修を受けたりする必要がある。研修支援プログラムが有料の場合もある。
カスタマイズ費用	ベンダーにカスタマイズを委託する費用。使いやすくカスタマイズしたいか自社でできなければカスタマイズ費用が必要になる。
カスタマイズ導入後の費用	後でカスタマイズを追加したり修正したりすれば費用がかかる。ソフトウェアのプログラム大変更を伴うバージョンアップ時にも、カスタマイズ費用がかかる。
オプション費用	オプションとして提供されている機能を導入する場合にかかる費用。
保存データ量やツール使用量による追加費用	保存データ量やツール使用量によって、従量的に発生する料金。
運用委託費	運用を外部に委託する場合の費用。定期的に大量にデータをアップロードしたい時に、データのフォームの加工を委託しなければならない場合もあるかもしれない。
社員による運用トレーニング費用	システム利用にあたり社員に使い方を習得するためのトレーニングを依頼する際の費用。無料で実施しているメーカーもある。
連携プログラム開発費用	他のシステムとデータ連携をしたい場合、新たに必要となるプログラム開発費用。データ連携、API連携可能とうたっている場合でも、内容によっては大きなコストがかかってくることになるので、注意が必要。

▼連携プログラム開発費用

他のシステムとデータ連携をしたい場合、データ連携したいシステムとの間にどんなデータ連携方法があるのかよく調べておく必要があります。データ連携機能がある場合、「API連携可能」「API連携はできないがCSV連携可能」に大別されます。しかし「API連携可能」とうたっている場合でも、「無料API連携メニューあり」「API連携プログラム開発済で有料」「API連携プログラムを有料で開発可能」など、コスト面では大きく異なってきます（70ページ）。

一番大切なのは、「そのツールの機能を社内で初期設定し、運用できるか、そうではないのか」をしっかり見極めることです。私が支援する会社では、導入の時に、まずその会社に合いそうな機種を選び、私も一緒に説明を聞きます。使い勝手を確認すると共に、初期設定、カスタマイズ、運用などについて、「どこまで社内でできるか」ということがだいたいわかるので、運用の内製化の度合いが把握できます。その上で、総費用を確認し、最終的には社内の運用候補者、ユーザー、導入責任者の方に判断してもらいます。

ちなみに、カスタマイズに大きな費用がかかる場合、代理店を通して販売しているというケースが目立ちます。代理店が販売フィーや、カスタマイズの業務受注で利益を得る仕組みになっているからです。したがって、メーカーの運営体制も要確認です。

第3章

失敗しないための
ＤＸの手順

ＤＸ推進の手順の概要

▼ＤＸ推進の流れ

ここまでＤＸを導入する際によくある失敗例と、重要なポイントについて説明してきました。

本章では具体的なＤＸ推進の基本的な**手順例**を説明したいと思います。各ステップがあり、それぞれ必要なアクションと注意すべき点をご説明します。

なお、ご紹介するのは**一例ですので、初めから終わりまで同じ形で進める必要はありません。**各ステップを参考にしていただきながら、自社の組織やテーマの大きさなど、状況に合わせた形にして進めていただければ良いと思います。

ＤＸ推進の流れは、次のようになります。

ＤＸは、「経営層」が責任者となり推進します。さらに経営者層が、管理職の中から「社内コーディネーター」を任命し、現場の状況をヒアリング・調査しながら、業務プロセスの課題と対策案をまとめることを任せます。

「コーディネーター」は、特に「経営層や幹部」「現場管理者や現場担当者」それぞれに現状確認と課題をまとめる作業を依頼しながら、相互の情報共有を図り、新しい業務プロセス案をまとめる大切な役割を果たします。

・STEP1　キックオフ（プロジェクト目的共有／業務分析対象部門範囲）
・STEP2　業務項目、課題項目作成
　-A　現場にて
　-B　経営層と幹部層
・STEP3-B　業務概要まとめ、認識差異分析、課題と対策のまとめ
・STEP3-A　熟達者リサーチ
・STEP4　システム化する要素を抽出（既存業務、新規事業）
・STEP5　業務フローと候補システムの選定
・STEP6　投資方向の承認と全社共有

▼「業務分析」だけでは不充分？

ちなみに、システム導入の方法を解説した書籍には、「業務分析が必要」とされ、現在の業

務フローを事細かに記録するのにどうしたらいいかを詳細に解説したものが多いように思います。また、現在の問題のある業務フローをそのまま放置してシステム化しても仕方がないので、「あるべき姿（将来のフロー）を描きなさい」とよく解説されています。しかし、DXに取り組むための業務分析については、いくつかの視点で同時に検討を進めないと「効果的な将来のフロー」をうまく描けません。

効果的、かつ成功に導きやすいDX化に取り組むためには、次のような点の検討が必要です。

①業務フローを描くだけではなく、業務プロセスの〝課題〟がどこにあるか分析をする。
②システム導入のための標準化と効率化実現を考える。
③現場の業務課題の解決方向をきちんと見据えながら進める。
④システム導入が考えられそうな業務に関連するデータの社内フローをつかむ。

④の「システム導入」については、コストの点からクラウドシステムを中心に選ぶ可能性が高いですが、「既存の仕組み」や「追加的に導入可能性が高いシステム」とのデータ連携を考えておく必要があるので、データのフローをしっかりつかんでおく必要があります。

次項より、具体的に解説していきます。

図3-1　DX推進の全体フロー

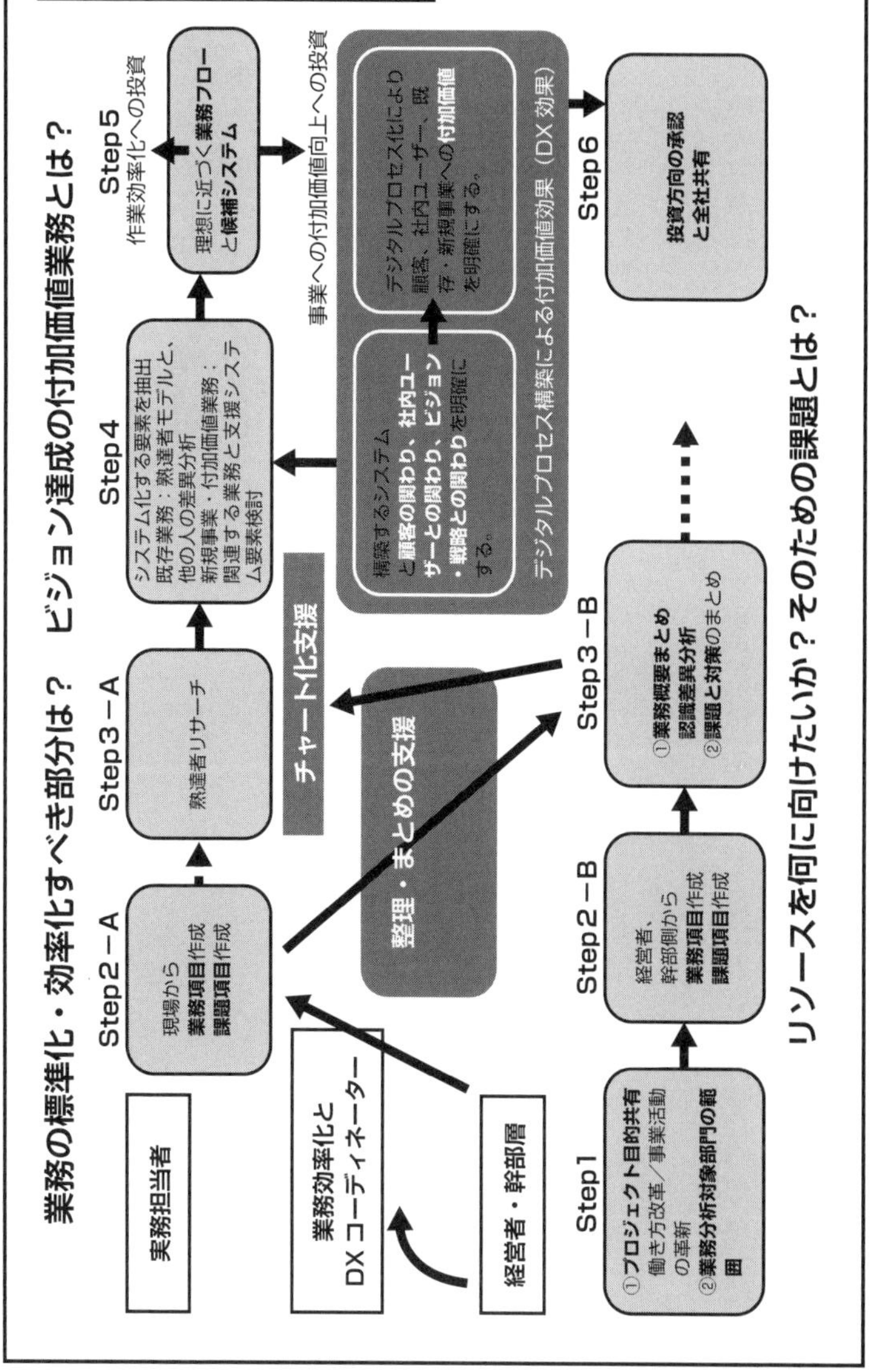
業務の標準化・効率化すべき部分は？　ビジョン達成の付加価値業務とは？
実務担当者
業務効率化と DXコーディネーター
経営者・幹部層
Step2－A
現場から 業務項目作成 課題項目作成
Step3－A
熟達者リサーチ
Step4
システム化する要素を抽出 既存業務：熟達者モデルと、他の人の差異分析 新規事業・付加価値業務：関連する業務と支援システム要素検討
Step5
作業効率化への投資
理想に近づく業務フローと候補システム
事業への付加価値向上への投資
チャート化支援
整理・まとめの支援
構築するシステムと顧客の関わり、社内ユーザーとの関わり、ビジョン・戦略との関わりを明確にする。
デジタルプロセス化により顧客、社内ユーザー、既存・新規事業への付加価値を明確にする。
デジタルプロセス構築による付加価値効果（DX効果）
Step6
投資方向の承認と全社共有
Step1
①プロジェクト目的共有 働き方改革／事業活動の革新 ②業務分析対象部門の範囲
Step2－B
経営者、幹部側から 業務項目作成 課題項目作成
Step3－B
①業務概要まとめ 認識差異分析 ②課題と対策のまとめ
リソースを何に向けたいか？そのための課題とは？

STEP1　キックオフ

▼働き方改革か、事業活動の革新か

まず、**今回のプロジェクトが目指すもの**が何なのか、社長、もしくは経営陣の方から社員に説明します。

目指す方向性としては、二つの要素があると思います。

- **働き方改革**……現場も関心が強い「業務の効率化」を目指します。既存業務プロセスの見直しと、それを支援するシステム化を進めることになります。
- **事業活動の革新**……ビジョンや戦略に基づいて、現在の事業への付加価値を高めたり、新規事業を実施したりするためのシステム化を進めます。

二つの方向性から、それを実現するための業務分析を行う対象部署（全社なのか絞り込んだ部署なのかなど）を決め、その現場の意見も聞きながら、今回のシステム化・DXで目指す方向案についてディスカッションを進めていきます。業務効率化で余裕リソースが出れば、事業の革新にシフトするのがＤＸとして相応しい活動です。こうして、経営層主導ですが現場と情報共有を進めながら、社員一丸となってゴールを目指す道筋を決めていくのです。

なお、新事業戦略に社内で守秘性が高い場合は、既存事業のＤＸと分けた実施が必要です。

▼業務分析対象部門の範囲

テーマに合わせて業務分析対象部門が変わります。

【全社的な働き方改革推進】全社で業務分析を行います。

【全社的なＥＲＰシステム導入・入れ替え】ＥＲＰ導入の可能性がある全部門と関連部門の業務分析を行います。

【特定部門での業務システムや周辺システムの導入】「特定部門の業務分析」と「特定部門との業務連携が必要な関連部門」を中心に業務分析します。

【新規事業】プロジェクト推進者の構想をヒアリングして、「既存事業業務で業務拡張・システム拡張の必要がありそうな関連部門」の業務分析をするなど、となるでしょう。

ここから業務分析がスタートしていくわけですが、一般的にはシステムベンダーが入って業務分析をすることが多くなります。しかし、システムベンダーは現在の業務プロセスの記録は取れますが、業務の本質的な部分を理解していないため、現在の業務プロセスの課題については表面的な作業部分しかわからないことが多いものです。ですからここには必ず現場の担当者や管理職が関わる必要があります。システム会社に丸投げすることはできない作業となります。

▼コーディネーターは誰がやる？

プロジェクトで活躍することになるコーディネーターは、実務担当者が担うことがよくありますが、本来は一部門を束ねているような管理者層が担当することが妥当です。あるいは情報システム担当の方がいれば、その人が命を受け、担当することになると思います。

図3-2 キックオフ

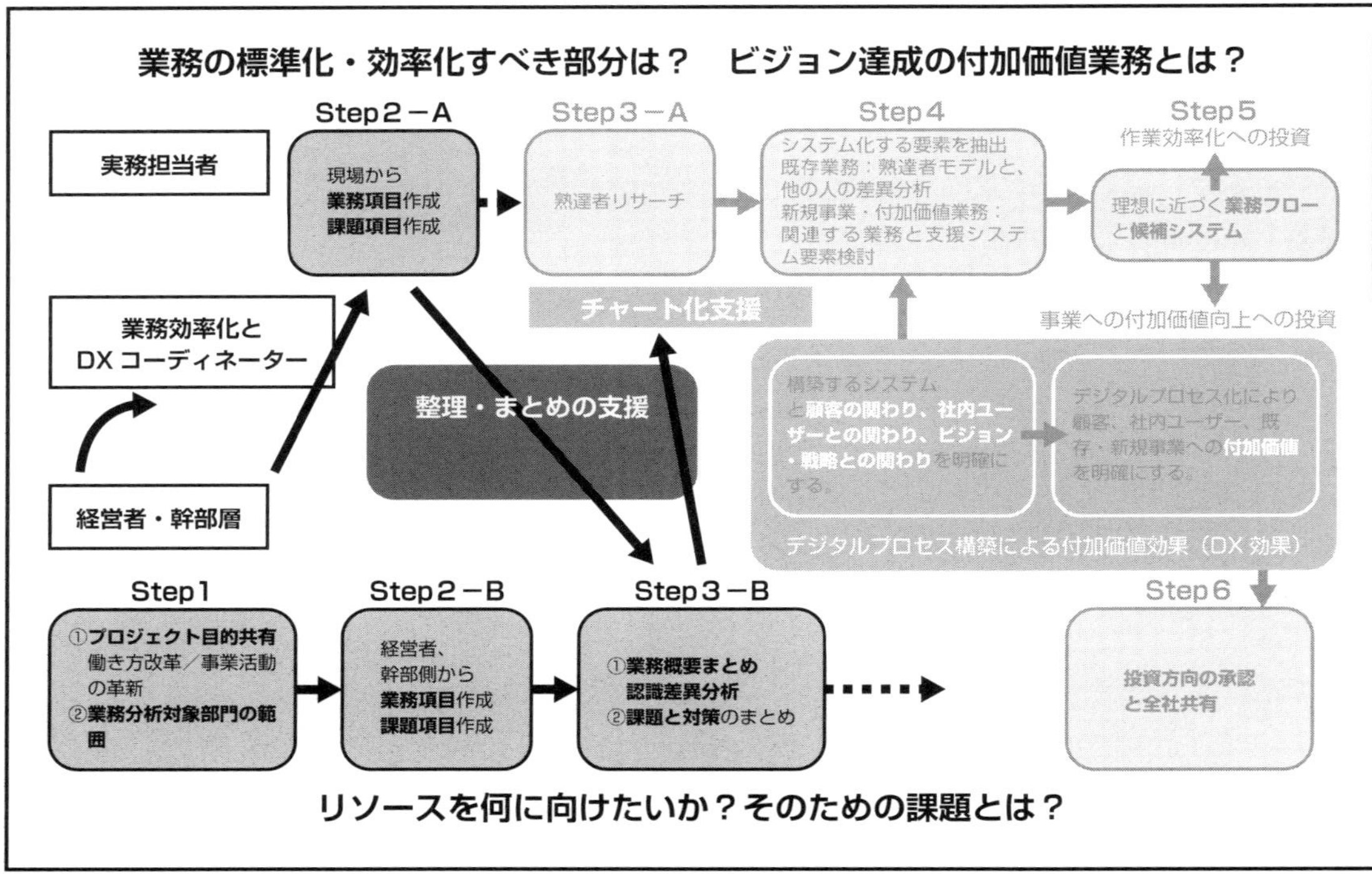
業務の標準化・効率化すべき部分は？　ビジョン達成の付加価値業務とは？
実務担当者
業務効率化と
DX コーディネーター
経営者・幹部層
Step2－A
現場から
業務項目作成
課題項目作成
Step3－A
熟達者リサーチ
Step4
システム化する要素を抽出
既存業務：熟達者モデルと、他の人の差異分析
新規事業・付加価値業務：関連する業務と支援システム要素検討
Step5
作業効率化への投資
理想に近づく業務フローと候補システム
事業への付加価値向上への投資
チャート化支援
整理・まとめの支援
構築するシステムと顧客の関わり、社内ユーザーとの関わり、ビジョン・戦略との関わりを明確にする。
デジタルプロセス化により顧客、社内ユーザー、既存・新規事業への付加価値を明確にする。
デジタルプロセス構築による付加価値効果（DX 効果）
Step1
①プロジェクト目的共有
働き方改革／事業活動の革新
②業務分析対象部門の範囲
Step2－B
経営者、
幹部側から
業務項目作成
課題項目作成
Step3－B
①業務概要まとめ
認識差異分析
②課題と対策のまとめ
Step6
投資方向の承認
と全社共有
リソースを何に向けたいか？そのための課題とは？

STEP2-A／STEP2-B　業務項目、課題項目の洗い出し

ここから、現状の仕事内容を把握し、課題を探り当て、どうしたら業務効率化できるかということを考えていきます。

まず今のありようを「経営者や幹部層」と「実務を担当する現場社員」それぞれが捉えている業務項目と課題を整理し、お互いにどのように認識しているのかを共有します。

社長は現場の仕事をよく知らないことも多いので、現場にどういう業務が発生し、何に時間がかかり、どんな課題があるのか、まずその認識についてのギャップを埋めることが大切です。

ここを明らかにしないと、改善の仕組みを提案する時に、経営層や幹部層から「なぜそんなものが必要なんだ」というような発言が出て、課題の解決方法に合意を得にくくなります。

また、先に述べたように経営・幹部層が考える「働き方改革」や「事業活動の革新」という視点から課題を両者で共有することは、「単なる作業効率化にとどまらず、リソースのシフト先を考えながら、付加価値の高いビジネスを生み出すDX」を進める上で大切です。

どこに投資するのか、という投資背景を共有することが重要です。

▼STEP2-A「現場社員」による業務項目や課題の洗い出し

STEP2-Aでは、現場社員で、部ごと、あるいは大きな機能ごと（経理、営業、営業サポート、生産、出荷など）で、次のような項目を列挙していきます。

特定の対象部門や対象機能がフォーカスされているのであれば、そのフォーカスされている部門機能の詳細と、その部門機能に関連する項目を中心に挙げてもらいます。

下記は記入する項目例です。

【業務項目名】 単位は「担当者が置かれているもの」とします。例えば年間でおおよそ延べ8時間以上かけて行っている業務を一業務と考えてください。省時間化したい項目は担当者が明確でなくても落とさずに記入します。加えて、業務頻度が日次、週次、月次、年次、不定期なのか、書き込みます。

【業務目的】 組織の中での期待されている（と思われる）役割を記載します。

【作業内容・仕事内容】 おおよその作業内容を書き出します。例えば、会計業務の場合だと何かの入力作業があって、これを財務担当に渡すというように、「インプット内容」と、「データ受取元」や「アウトプット先」も書き出します。

【活動に関わる人数】

【活動にかかっている年間の延べ人日】 35人日／年など

【役割の生産性を測定する指標・ＫＰＩ】 目標がある場合は達成度合いも含めて記入。

【関連使用システム】 当該業務を実行する上で使用しているシステムを書き出します。

【課題項目】 この課題は現場社員が実務を進める上での課題です。「単純、大量な手作業があり滞留しがちな業務」「ボトルネックを抱えている工程」「仕事量に波があって、それに対応できない時に残業が発生する業務」などです。また、残業時間、有給消化率など、部門管理者、特定業務責任者の視点で感じている課題があれば、記入します。

図3-3 STEP 2-A 業務項目の洗い出し（例）

STEP2-A
消費財メーカー（従業員約50人、営業部員10人）の営業事務グループ（3人）の業務

	業務項目	業務目的	業務内容 （始）業務開始時 （終）業務終了時迄に			関連システム	関わる人数	業務時間		現在の生産性指標
			担当者へのインプット	担当者からのアウトプット				延べ	延べ時間／年	
合計									6,708	
1	顧客からの受注管理	顧客からの受注を一元のデータ化。	（始）顧客発注データ	（終）出荷予定リストに引き継ぐ。	大手取引顧客からのシステム受注データの取り込み作業。	受注オンラインシステム、FAX	3人	30時間／週	1,440	仕事時間削減
			（始）顧客 FAX		FAX による受注のデータ入力。	販売管理システム				
				（終）社長に報告。	受注データをダウンロードして集計報告。	エクセル		0.3時間／日	72	欠品減少
2	在庫引当業務	受注を受けた製品が出荷可能か確認を行う。	（終）在庫担当から在庫不足数量となる商品を連絡。 ← →	（始）出荷予定製品の数量リストを在庫管理担当に渡す。（終）新たに発生した、出荷不可能品（在庫不足品）を出荷リストから外し、（終）先付けの出荷予定リストに入れて出荷予定日を入力。	出荷予定と先付けの出荷リスト（在庫待ち出荷）の製品必要数を在庫担当に渡して確認。在庫引当てできなかった商品の出荷予定日を営業と顧客に連絡し、先付け出荷リストに入力。	販売管理システム	3人（ローテーション）	28時間／週	1,344	仕事時間削減
					（終）在庫不足で送付できなかった受注分を電話とFAXで連絡。			15時間／月	150	欠品率減少
3	出荷準備	納品伝票の発行。	（始）プリンターに出荷データを流し込む。	（終）プリンターで納品伝票をアウトプットし、在庫担当に引き渡し。	納品伝票のプリント準備と、発行後のチェックを行い在庫担当に引き渡し。	販売管理システム	3人（ローテーション）	0.5時間／日	120	仕事時間削減

図3-4　STEP 2-A　現場社員による課題項目の洗い出し（例）

	課題項目	背　景	課題内容
1	顧客からの受注管理	FAX 受注が７割	入力業務の省力化はできないか？
2	在庫引当業務	在庫管理システムがない。	製品ごとの在庫数量が営業事務グループにはわからないので在庫引当業務に時間がかかる。
		販売見込みに基づく生産が行われていない。 主要製品の販売見込み・販売計画がない。	**欠品への対応・フォロー業務**を減らしたい。 主要製品、主要顧客に対する販売計画と見込みが必要では？
3	出荷準備		
4	請求管理		
5	請求管理・未入金再請求	いくつかの再発顧客がある	原因を探り、改善できないか？
6	売上管理支援	販売管理システムには月次販売上実績の集計や予算管理の仕組みがない。	現在のエクセル手作業をなくして、売上管理・顧客分析ができるシステムを連携導入できないか？ **「売上見込み管理」の仕組み**も加えられれば「2. 在庫引当業務」の欠品課題についても改善しやすくなるのではないか？
7	電話・メール・来客対応		欠品による商品未着に関する問合せ電話を減らしたい。
8	新規顧客の登録、新製品の登録		
9	営業資料作成支援	営業の IT スキルが高くない。	「6. 売上管理支援」で似たような集計データを提供しているので、営業担当が自由にアウトプット、加工できるようになれば嬉しい。
10	その他		

STEP2-B 「経営者や幹部層」での業務項目と課題の洗い出し

経営者や幹部層の目線でも業務項目と課題を洗い出します。

【業務項目】「経営者や幹部層」は、現在の現場の仕事を推測するのではなく、組織全体における役割、ミッションからどういう業務項目が満たされているべきか、また新規の事業や付加価値の高い活動にするために、どんな業務にシフトさせたいかという視点で書くことになります。経営者側が作る業務項目は部署全体に焦点を当てるので、現場で洗い出した業務項目より粒度の大きい単位になります。

【課題項目】「経営者や幹部層」が見た、聞いた課題です。現場の課題を推測するのではなく、「会社全体から見た」「聞いて認識している」また「将来の事業ビジョンを実現するという視点での課題」を列挙することが望ましいです。現場が認識していない、現場の大きな課題が見えることもあります。

図3-5　STEP 2-B「経営層や幹部層」での業務項目と課題の洗い出し（例）

消費財メーカー（従業員約50人、営業部員10人）
の営業事務グループ（3人）の業務
STEP2－B

	業務項目	課　題
1	顧客からの受注管理 受注額の日次集計	毎日エクセルでの手集計なので、効率化の方法があればと思います。
3	納品伝票の発行	
4	請求管理	請求先住所のラベルを封筒に貼るのは自動化した方が良さそう。
6	売上の集計	
7	電話応対、来客対応	
9	営業資料作成支援	営業部員の IT スキルが高くなく、商談資料の作成支援をしていると聞いている。長期視点では、時間はかかるが、営業の IT スキルアップの支援をしてもらえると有難い。
10	その他	どんな仕事に時間がかかっていて残業が多いのか知りたい。効率化を進めて残業時間を減らしてワーク・ライフ・バランスを改善したいと思います。

STEP3-B　業務概要まとめ、認識差異分析、課題と対策のまとめ

▼①業務概要まとめ、認識差異分析

現場がまとめたものと、経営者や幹部社員から見た「業務項目と課題」には大きな乖離があります。乖離を共有するために、現場と経営視点で相互補完しながら、統合資料とします。

以下のような作業を行います。

・業務項目表作成（部門別→目的別→担当者業務といった様にブレイクダウン）
「経営者、幹部層」からと「業務担当者」、両側から集まった業務項目を対比表にします。「経営者、幹部層」側は粒度が粗いので一対一の対比表である必要はありません。
・業務項目表によるギャップ分析
・経営者・幹部層およびコーディネーターから業務項目に関して、部門責任者へヒアリング
・経営者・幹部層と部門責任者とコーディネーターで課題箇所とフォーカスする部分を合意

経営者は洗い出された業務を眺めると、現場から出てきた課題の他に、「そんな業務がある

※業務項目の2、6、7を抜粋（本ケースで優先順位の高かったもの。他の課題も並行して着手）
　1、3〜5、8〜10は紙面の都合で省略

		経営者が認識している業務項目、課題リスト		
背景	課題	業務項目	課題	ギャップ分析（経営）経営者の気づき、（現場）現場の気づき
在庫管理システムがない。	製品ごとの在庫数量が営業事務グループにはわからないので在庫引当業務に時間がかかる。	当初、認識なし		（経営）在庫引当てで「営業事務グループ」がこんなに時間がかかっているとは知らなかった。なんらかのシステム化が必要。在庫システムはあるが部材管理などができないので、使用中止している。
販売見込みに基づく生産が行われていない。	欠品への対応・フォロー業務を減らしたい。			
主要製品の販売見込・販売計画がない。	主要製品、主要顧客に対する販売計画と見込みが必要では？			
販売管理システムには月次販売上実績の集計や予算管理の仕組みがない。	現在のエクセル手作業をなくして、売上管理・顧客分析ができるシステムを連携導入できないか？「売上見込管理」の仕組みも加えられれば「2.在庫引当業務」の欠品課題についても改善しやすくなるのではないか？	売上の集計		（経営）売上の自動集計システムの検討を進め、主要製品の売上見込みの管理を行い、欠品率を下げ、無駄な対応業務を減らしたい。
	欠品による商品未着に関する問合せ電話を減らしたい。	電話応対、来客対応		

図3-6 STEP 3-B 認識差異分析、業務概要まとめ、課題と対策のまとめ（例）

STEP 3－B
消費財メーカー（従業員約50人、営業部員10人）の営業事務グループ（3人）の業務

現場による業務項目、業務課題の洗い出し						
業務項目		業務目的	業務内容	関連システム	延べ時間/年	現在の生産性指標
	合計				6,708	
2	在庫引当業務	受注を受けた製品が出荷可能か確認を行う。	出荷予定と先付けの出荷リスト（在庫待ち出荷）の製品必要数を在庫担当に渡して確認。	販売管理システム	1,344	仕事時間削減
			在庫引当てできなかった商品の出荷予定日を営業と顧客に連絡し、先付け出荷リストに入力。		150	欠品率減少
6	売上管理支援	売上の進捗を集計し、営業目標の管理ができるようにする。	「出荷伝票データ」をダウンロードし、エクセルで集計。月次で、商品別、営業担当者別、主要顧客別、などに営業が閲覧できるように集計。	販売管理システム エクセル	384	試行中でなし
7	電話・メール・来客対応	電話、メール、来客への対応を行う。	①営業担当がいない顧客からの問合せ（電話、メール）。②新規顧客からの電話問合せ。③顧客から営業に連絡がつかない場合の緊急問合せ。④製品未着の問合せ。⑤クレーム。⑥他。		960	なし

の？」「えっ！　そんなことにそんなに時間がかかるの？」と驚き、その理由を知りたがります。

このように現場から出てきた課題と疑問に感じた部分を、部門長にヒアリングし、業務の実態を必要に応じて再調査します。

説明を受けて実態が理解できたら、それを解決する方法を検討します。そもそも、やらなければいけない仕事なのか、別の作業に置き換えられないか、どうやったら効率化できるのか、システムを導入することで解決できるのか、などです。

▼②課題と対策のまとめ

相互理解した上で、今回のプロジェクトではどの課題に焦点を当てるのか選別し、解決の方向性を、経営・幹部層、部門責任者で検討します。仕事の重要度を考慮した優先順位づけも必要です。課題と対策方向が見えてきたら、業務に関連する部門にプロジェクト参加を要請します。また、業務分析に協力いただいた部門にもその結果をフィードバックします。

DXテーマ設定のポイント①

重要かつ効果の大きい場所から始める

▼導入の順序づけ

システムの投資効果が大きく、システム化に要する期間が短いものから手をつけ、ある程度片付いてから次のレベルに手をつけるのが良いでしょう。資金や時間とのバランスを考えるべきでしょう。

ただし、下記のように戦略的重要性が高いものは、経営判断により、優先順位を繰り上げることもあるでしょう。

1. 新規事業に関わるもの
2. 従業員のモチベーションアップや満足度に関わるもの
3. 人事採用戦略などに関わるもの（単純繰り返し事務作業の削減を目指したRPA導入など）

システム化の優先順位を決めるための評価項目としては、下記のようなものがあります。

▼システム化のコスト

初期導入コストに加えて、1年のシステム使用コストがどれくらいかかるのかということです。投資規模が大きければ、投資リスクも大きくなります。

図3-7　システム化の優先順位を決めるための評価項目

システム化のコスト（①） 投資費用／年	高い ⟷ 低い
システム化の効果（②） 削減人件費／年、 増加粗利 （システム投資除く）／年	高い ⟷ 低い
システム化への投資効果 ②効果／①コスト	大きい ⟷ 小さい
システム化に要する期間	短い ⟷ 長い （半年間より）
戦略的重要性	高い ⟷ 低い

▼システム化にかかる月数

システム化に時間がかかりすぎると、投資効果が見え始めるのが遅れる、という他に、1年以上経てば外部環境や企業戦略の変化、業務プロセスの変化により、システム起案時と最適な解決方法が変化するというリスクもあります。

システム開発期間は、仕様を決めるまでの時間やシステムの内容によって、完成までの期間が大きく異なります。要件定義で構想がうまくまとまらない場合、開発が長期化する可能性も高くなります。

あくまでも目安の例としてですが、小規模であれば1～2カ月以上、中規模なら3～4カ月以上、大規模になると半年以上は必要です。

▼戦略的重要性

新規事業等、長期的な企業成長に必要かどうかを検討します。

▼システム化の効果

導入システムによる削減可能な人日などで測る方法があります。

▼システム化への投資効果

投資コストに対する効果を測ります。

DXテーマ設定のポイント②

業務の仕分けとシステム要件

▼どういうシステムが必要かしっかり検討（システム要件の検討）

システム導入を進める上で、「どういうシステムが必要か」ということをより明確にするということ（システム要件決め）はかなり重要です。おろそかにすると、実現したかった成果が得られなかったり、費用が想定以上にかかったり、といったことが起こるので注意が必要です。

ＤＸ推進では、大別すると以下の2種類があることを既に説明しました。

・働き方改革……現場も関心が強い「業務の効率化」を目指します。既存業務プロセスの見直しと、それを支援するシステム化を進めることになります。
・事業活動の革新……ビジョンや戦略に基づいて、現在の事業への付加価値を高めたり、新規事業を実施したりするためのシステム化を進めます。

どちらに比重を置くか、あるいは両方を進めるかによっても、システム要件検討に至る検討手順が違ってきます。

事業に付加価値をつけたり、新規事業を実施したりするには、現場にない発想も必要です。現場は既存の事業をひな型に考える習慣があるからです。既存のシステムはそのまま使えないことも多いです。

働き方改革は、現場の苦労・重荷がどこにあるかを知り、既存のノウハウやツールも探しながら解決方法を見つけることが重要です。

▼外部コーディネーター活用のメリット

コーディネーターは、既存業務の付加価値化や新規事業の場合、他業界も含めた様々な仕組みやノウハウを知っていることが好ましいですし、働き方改革の場合も業界の実務や事例を幅広く知っている人が望ましいです。ここに外部人材活用の価値があります。

DXテーマ設定のポイント③

社内、顧客との関わりを明確にする

▼関わりを意識しないと事業衰退もある

売上を伸ばすには、現在の市場のお客様を維持しながら、新しいお客様を獲得、もしくは新規の製品市場に参入することが考えられます。売上目標、市場シェア、利益目標などのゴール達成のために通る道筋「戦略」を明確にする必要があります。

これらの戦略実現をデジタル化で達成、強化できるのであれば、それはDXとなります。第1章でも述べたように、DXは、デジタル化するだけでなく、顧客獲得・顧客維持などの戦略と結び付くと付加価値を生みやすくなります。

富士フイルムはデジタル技術を「デジタルカメラ」や「医療用デジタルX線画像撮影」に活かしました。コダックはデジタル技術を保有していましたが活かしきれませんでした。両社とも「デジタル写真技術」を保有しておりましたが、富士フイルムは新規事業に結びつけて大きく飛躍し、コダックは新規事業に結びつけることができずに事業は大きく衰退しました。

STEP3-A／STEP4　熟達者リサーチ／システム化する要素抽出

▼STEP3-A　既存業務プロセスの改善を目的として

　このステップは、実務担当者が主導で進めていくことになります。また、経営者から命を受けたコーディネーターが活躍します。

「STEP3-Aで提示された課題のある業務項目」に関して、効率化、標準化、システム化を検討していきます。既に業務内容や課題が明確で、解決方法も業界標準のものがある場合は、以下のヒアリングはもっと簡単なものになります。「業務内容が社内でもあまり知られておらず、複数の人が関わっている場合」に実施する例を説明します。課題業務に関わる社員の中で、高度に熟練した技能を持った人、中程度に熟達している人、まだ熟達途上の人の3人を選び、グループワークをしてもらうのが有効です。コーディネーターがインタビュアーのような形で入るのがいいでしょう。

高度に熟達した人に業務手順、ノウハウ、課題をヒアリングし、フローチャートに書き取っていきます。その際に、中程度熟達者、熟達途上者に、共通点と違いを教えてもらい**熟達者の業務フローモデル**の特徴を描きます。

▼STEP4　システム化する要素を抽出

既存業務の効果・効率を高めるための新たな仕組みは、システムを導入すべきかもしれませんし、そうまでしなくても、Ｅｘｃｅｌなどで解決できることかもしれません。あるいは「人」の手で解決することかもしれません。いずれにしても、熟達途上にある人が効率的に実行できる仕組みを考え、システム化する要素を抽出します。

システム化するべき要素を見極めていくのがコーディネーターです。したがって、コーディネーターには、ある程度ＩＴリテラシーや業務改善の経験が必要です。

▼新規事業のためのシステム拡張についても考える

新規の事業については、まだ役員の頭の中にだけある段階のものから、プロジェクトが立ち上がっている場合もあります。構想や概要について関連者にヒアリングする必要があります。

例えばＥＣ販売事業を開始しようとしている場合は、①自社ＥＣサイトを立ち上げようとしているのか、アマゾンや楽天に出店しようとしているのか、②既存商品と異なる商品を販売しようとしているのか、既存品なのか、③これまでと異なる広告メディアを使用しようとしているのか、既存品と同じ方法なのか、などヒアリングしておく必要があります。それにより新しい仕組みや管理方法が必要かどうか、変わってきます。既存事業の業務フローだけで済むのか、拡張が必要か、独立した業務フローになるのかなどをあらかじめ想定しておき、新規の事業が生まれてても早期に対応できるように必要なシステムを考えておくようにしたいです。

なお、STEP3-Aあたりから、コーディネーターの仕事は大きく膨れ上がります。大変な作業になるため、外部の力を借りることが賢明です。しかし、だからといって、限定された製品知識しか持っていない外部の「一ベンダー」に放り投げてしまうのは間違いです。せっかくの業務分析で課題が洗い出せずに無駄になる可能性が高いです。

外部に任せる場合でも、色んな選択肢から、目的や課題に適した解決方法を探してくれるコーディネーターが必要です。これについては、次章で改めて詳しく説明します。

図3-8　熟達者選定とグループワーキング

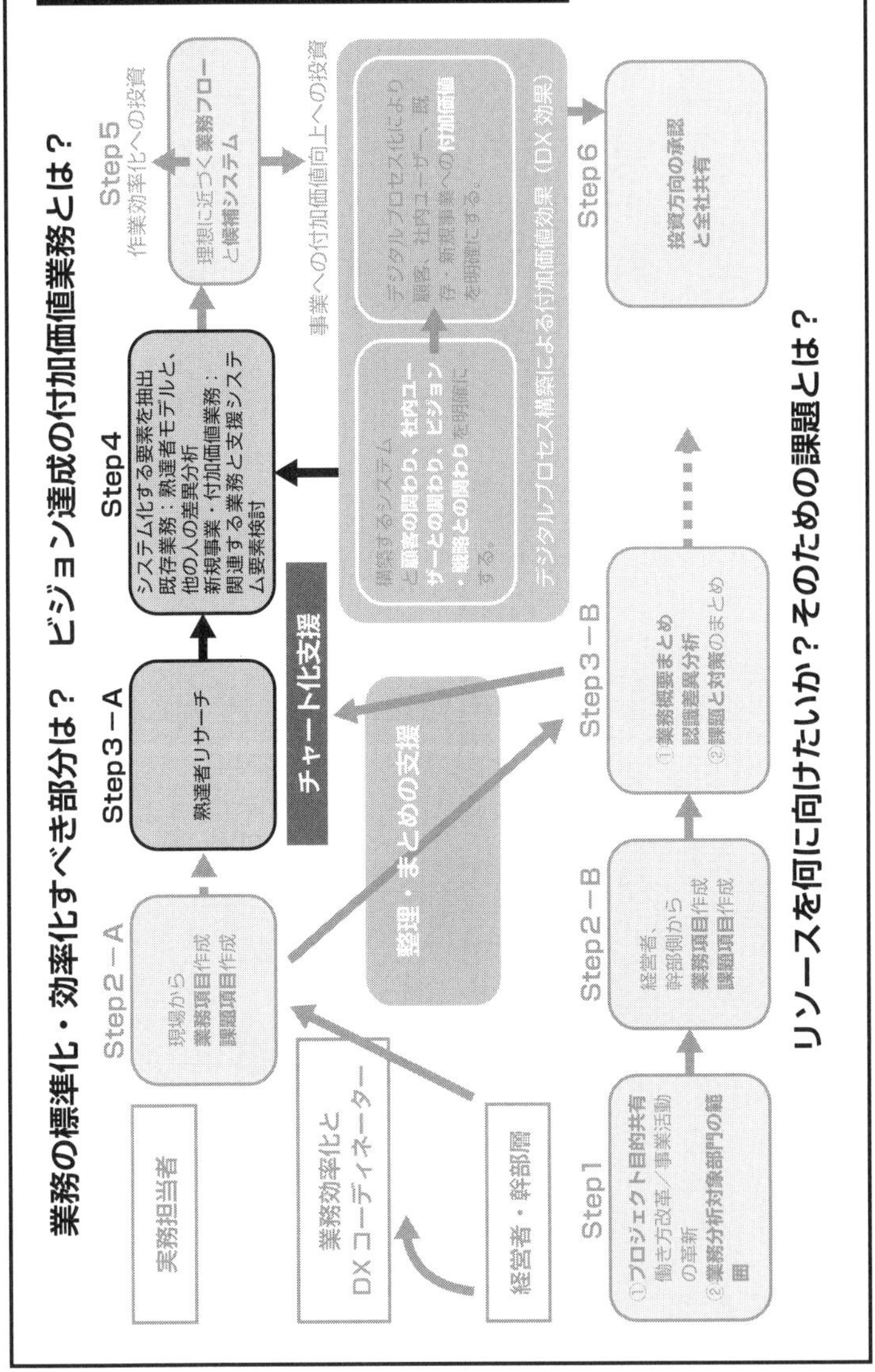

STEP5　業務フローと候補システムの選定

▼理想に近づく業務フローと候補システム

ＳＴＥＰ５では、販売されている既存のツールに、今回のビジョン達成、ビジネスプロセスの変更を実現できるのに近いものはあるか、どれが最も合っているかを検討します。もちろん、同時にコストも確認します。

最も困るのは、各種製品を紹介するベンダー各社は、往々にして自社の取り扱い機種しか知らない、ということです。横並びの比較をするには、各社より詳細に聞くよりほかありません。

これに対して、メーカーでの広い実務の経験がありシステム導入支援経験があるコンサルタントであれば、コスト、社員数、用途、業務課題を考慮してある程度の機種絞り込みをして、各社の説明を一緒に聞いて翻訳者になってくれるため、間違った機種導入のリスクを下げてくれます。

図3-9 理想に近づく業務フローと候補システム

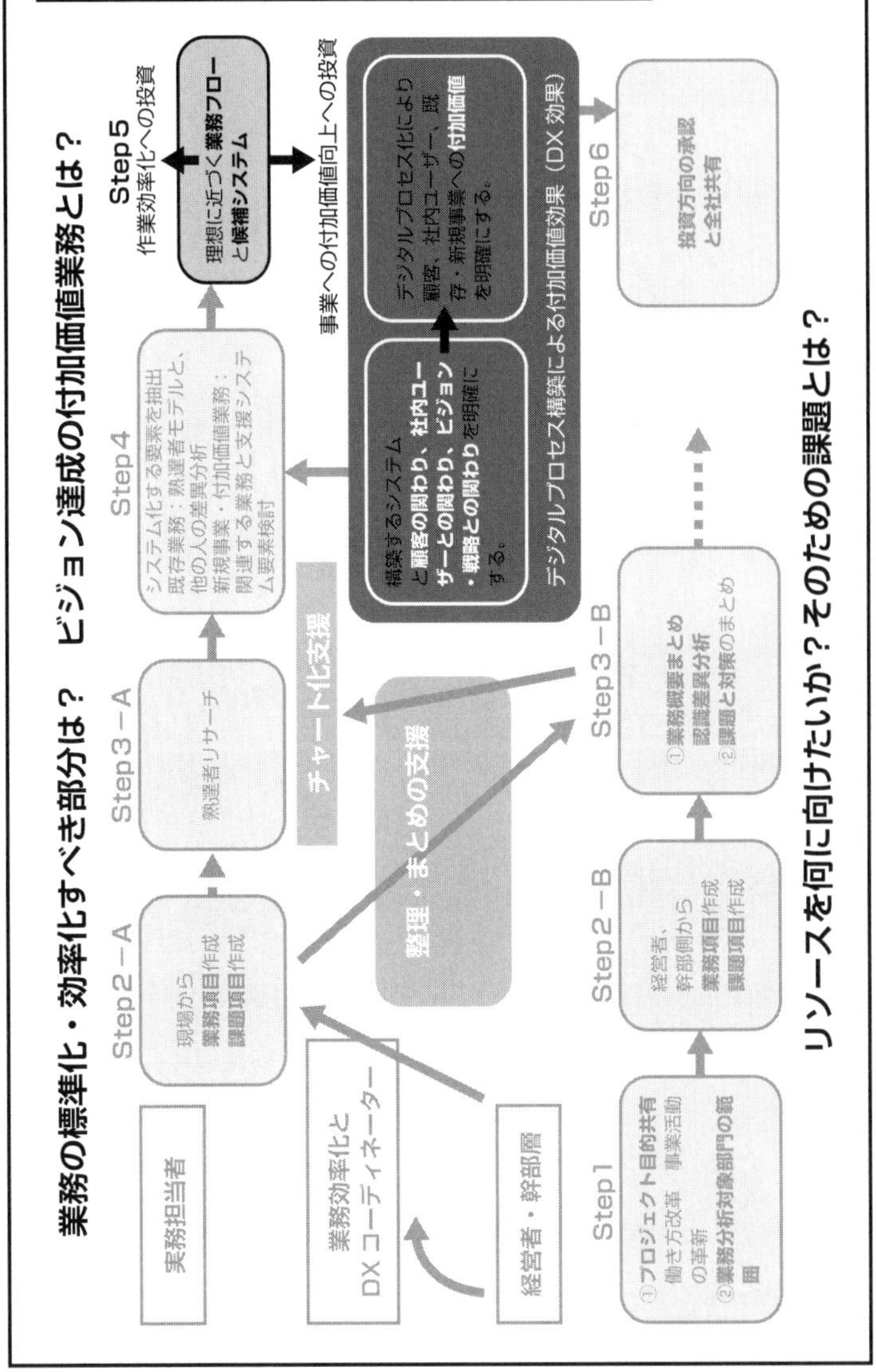

STEP5-①　導入システムの検討【既存業務の場合】

▼①現在の業務フローと課題の確認を行い効果アップ・効率化を検討

まず、現在の業務フローの確認と課題（労力がかかりすぎる、無駄が多いなど）の確認を行います。先に説明したようなコーディネーターのアシストにより、現場からのヒアリングに引き続きディスカッションを行い、現在の業務プロセスをどのように変えたら効率的で効果的な業務ができるか、理想的な業務プロセスについてまとめます。まとまったら、これがシステム化によって効率化できる業務プロセスか検討します。そうすると、三つの方向が見えます。

（パターンA）業務の標準化、ルールの徹底、ローテクの使用などで充分な効率化が図れる。一方で、システム化が難しい、もしくはシステム化しても効率の上がらないもの

パターンAは、業務の標準化はできるもののシステムに当てはめるとアウトプットが多種多様になるためシステム化が難しかったり、システム化しても作業フローの分岐や選択肢が膨大すぎて効率が上がらなかったりすることがあります。これらはシステムを導入して物事を解決するよりも、業務のマニュアルを整備したり、ルールを徹底したりするなどして、ITシステム外での業務改善を図ることの方が効果的だといえます。

(パターンB) 熟達者の域に達するために初心者、中堅者を支援し、効率化を進めるツール

業務の熟練度による仕事の効率性の差を埋めるためのシステム化です。

熟達者の業務手順を知ると、中堅者はある程度似た経験をしたことがあるその手順を理解し、自分の仕事に組み込むことができることも多いです。しかし初心者は、ただ聞くだけではイメージが湧かず、自分の仕事にその手順を組み込むことができないこともあります。こうした業務を標準化し、システム化すれば、初心者でもうまく仕事ができるプラットフォームを構築することができます。熟達者と同等とまではいかずとも、中堅者と熟達者の間のレベルに達するような効率的で効果の高い業務をすることが期待できます。

(パターンC) 熟達者でも非効率業務を行っている業務を効率化するツール

熟達者でも効率よく業務ができていない部分もあります。そういった業務の問題点を探り出しシステム開発につなげるという方向です。例えば、多くの類似した対象物の中から、特定の特徴を持つものだけ選び出す、というようなことを繰り返しているとすれば、それは人がやるより機械に任せた方が効率的なことが多いでしょう。

▼②将来あるべき業務フローを描く

人のやり方に大きなばらつきがあったりすることによって効果・効率が得られない業務プロセスや、ITにより効率化を図るべき業務を、どのように標準化するか検討し、同時にシステム化の検討を行うことによって、「理想的な**効果的で、効率的な標準プロセス**」を作る検討をしていきます。

「業務プロセスを効果的で効率的にするための解決方法」は、業務、企業、人のスキルによって変わってきますが、「同類の業務は**通常どのように**効果・効率がアップするのか」「**どんな仕組みを使えば**効果・効率を高めやすいか」というケースを多く知っている人が支援するのが望ましいです。外部の人材に頼るのも効果的な選択肢です。

▼③候補システムのリサーチ

世にある既存システムを土台にせず、ゼロから新たに作る（スクラッチ開発）場合は、前述した理想的な業務プロセスに合致したものが設計できますが、クラウドの業務システムやＥＲＰパッケージを導入するという場合は、理想に近い候補はどれかを選ぶ作業になります。

一般的な選択基準は以下の通りです。

Ⅰ　業務課題のどの部分がどのように解決できるかについて評価

まず業務課題を解決してくれる、現状の業務内容に合った近いものを選んでくることが必要です。各メーカーにデモしてもらい、そのシステムによって課題が解決されるか、理想の業務プロセスに近いものが実現できるか、細かく質問して評価していきます。

Ⅱ　コスト（ライセンス費用、導入費用、教育コスト、運用費用）

76ページの「ＤＸ導入の失敗例⑨：価格表比較にご注意」を参照してください。
費用項目の表現はベンダーによって異なるので、細かく確認しないと横並び比較はできません。

Ⅲ　「運用業務内容の確認」と「自社運用かベンダー委託か」

システムを継続使用するのにどんな運用業務が必要か確認します。

「必要なスキルを持ち業務割当て可能な人員」がいるかにより、自社運用できるかどうかを確認します。必要なスキルレベルが、情報システム部のようにＩＴに詳しい人なのか、Microsoft Office が使えれば充分操作可能なレベルなのか、大きな違いがあるので確認が必要です。スキルがあっても、専門知識を習得するための研修が必要な場合もあり、有料の場合もあります。

Ⅳ　導入スケジュール

システムの稼働までにどれくらいの期間がかかるのかを確認します。テスト運用開始と本稼働を区別して確認します。

▼④－1　導入システムの絞り込み

業務分析を行い、Ⅰ～Ⅳの項目をメーカーからヒアリングすれば、2、3の候補に絞り込めることが多いです。Ⅰ～Ⅳの評価項目の比較表を作り、社内で絞り込みます。

▼④－2　システム導入後の予定業務フローをチェック

システム導入後、業務フローがどうなるかをチェックします。

ベンダーにユーザーの目的別にメニューの使い方を説明してもらい、デモ内容やマニュアルに基づいて、予定業務フローとシステム操作画面の遷移を描いて社内ユーザーに事前説明する必要があります。ベンダーが自社の細かい業務内容を熟知しているケースは少ないので注意が必要です。確認項目の中で一番困難ですが重要な工程です。

図3-10　導入システムの検討　【既存業務の場合】

① 現在の業務フローと課題の確認を行い効果アップ・効率化を検討

（パターン A）業務の標準化、ルールの徹底、ローテクの使用などで充分な効率化が図れる。一方で、システム化が難しい、もしくはシステム化しても効率の上がらないもの。

（パターン B）熟達者の域に達するために初心者、中堅者を支援し、効率化を進めるツール。

（パターン C）熟達者でも非効率業務を行っている業務を効率化するツール。

② 将来あるべき業務フローを描く

③ 候補システムのリサーチ

Ⅰ 業務課題のどの部分がどのように解決できるかについて評価

Ⅱ コスト（ライセンス費用、導入費用、教育コスト、運用費用）

Ⅲ「運用業務内容の確認」と「自社運用かベンダー委託か」

Ⅳ 導入スケジュール

④ 導入に関する各種検討

④－１　導入システムの絞り込み

④－２　システム導入後の予定業務フローをチェック

④－３　システム導入後のデータフローを全社関連部門にわたりチェック

⑤ 稟議書の作成

▼④-3　システム導入後のデータフローを全社関連部門にわたりチェック

導入システムで扱うデータのフローを全関連部門にわたり描きます。マスター類のデータが一元管理されているか確認しながら、現在の業務フローに加えて、システム導入後のデータフローを描きます。次に、運用担当者と確認しながら、システム導入後の業務フローを描きます。

▼⑤稟議書の作成

会社の投資案件ですので、稟議書を準備しなければなりません。今一度システム化の背景と目的、課題、解決までのシナリオをまとめて①から④-3を稟議書にし、費用予算概算と、システム選定作業に入る承認を受けます（機種選定が終わってから再度稟議書を出します）。

▼適切なアドバイザーを得る

機種選定は、ITシステムの知識を持ち、対象業務を理解している人であることが必要です。情報システム部門の人が適任といえるでしょう。いない場合は、外部人材の活用を検討し、メーカーでの実務経験が豊富で、システム起案や導入の経験があるような外部人材を探します。

システムベンダーは、自社の業務や他社システムとの違いを熟知しているわけではありません。社内で少しPCに詳しい程度の人が担当窓口になると最悪の事態を招きかねません。

STEP5-②　導入システムの検討【新規業務の場合】

新規業務になると、検討プロセスの最初の部分が異なってきます。

新規事業の業務が、現在の業務プロセスの拡張なのか、新しい独立した業務プロセスなのかを確認します。もし新規の業務プロセスが、既存の業務プロセスの拡張や変形であれば、現システムの拡張を考えていきます。そうでない場合、独立したシステムを考える必要があります。

例えば、ＢtoＢの食品を販売する会社があるとします。今後、ＢtoＣにも販売を拡張したい場合、今まで通り卸を通して販売するのであれば、今の売上管理の仕組みをそのまま生かし、業務品として作ったものを消費者向けの商品にして販売するだけです。そうではなく、ＢtoＣを自社ＥＣ販売サイトで進めるということになれば、消費者向けの自社サイトや、独立した売上管理システムなどを作る必要があります。

新規事業に関するシステム化を進める標準的な手順は以下の通りです。

▼１）製品販売内容、サービス内容を決める。

当然、新規事業での製品の販売内容やサービス内容を決めなければなりません。

▼2）新規事業の業務が、現在の業務プロセスの拡張か、独立した業務プロセスか確認する。

▼3）業務フローを決める。

業務フローを詳細に検討します。お客様とのアクセス方法（直接販売か、卸を通した店舗販売をするのかなど）や販売の仕組み、売上管理の仕組み、入力情報、情報加工、顧客へのフィードバック、既存のシステムとの連携、会計システムへの連動方法など検討するを必要があります。

▼4）業務領域特化型システムから選択するか、スクラッチ開発か。

既存の業務システムから選択するのか、スクラッチで開発するのかを検討します。

▼5）続くステップは「前述の既存業務の場合（115ページ）のⅠ～Ⅳと同様です。

図3-11　導入システムの検討　【新規業務の場合】

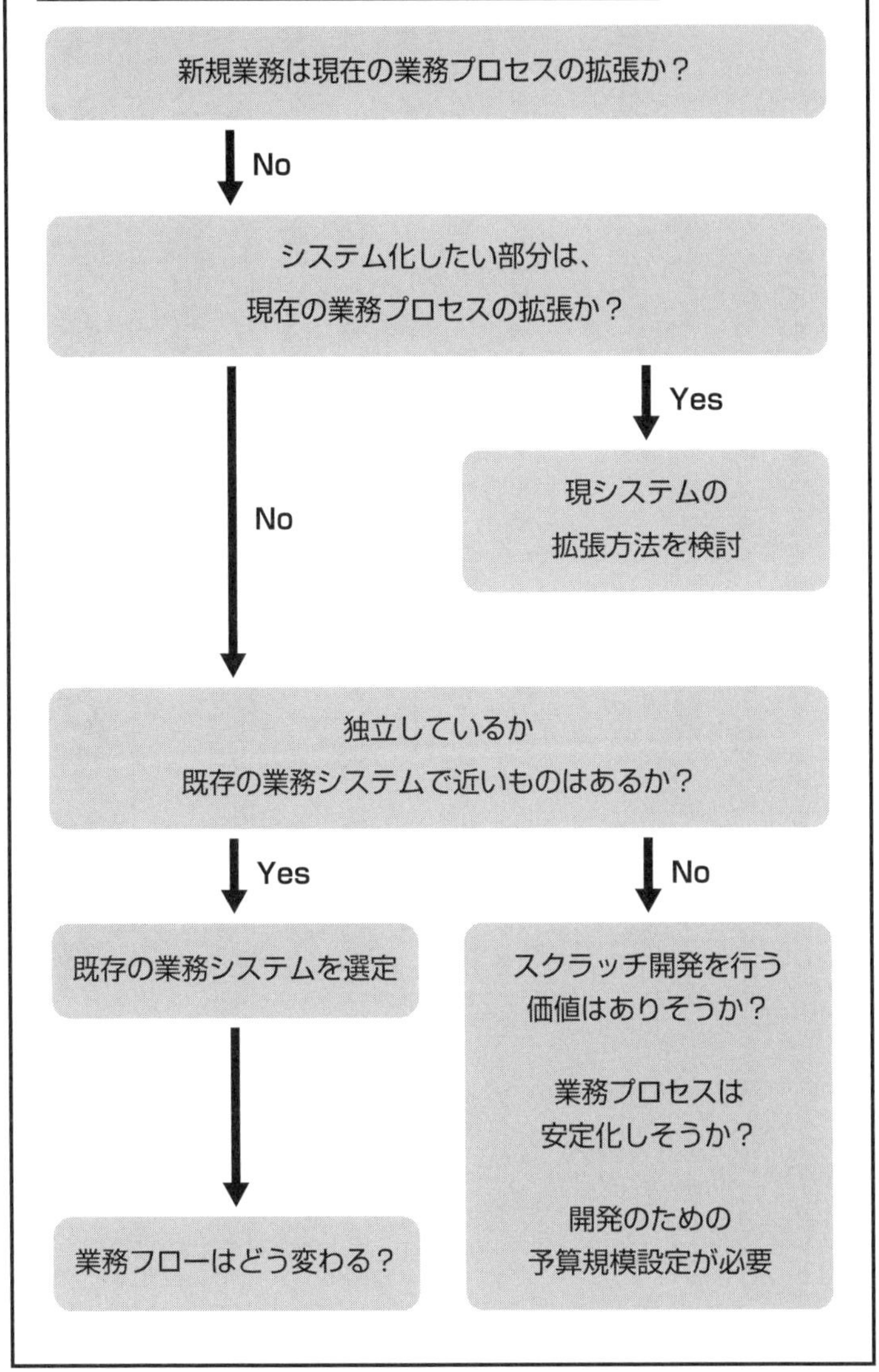
新規業務は現在の業務プロセスの拡張か？
No
システム化したい部分は、
現在の業務プロセスの拡張か？
Yes
現システムの
拡張方法を検討
No
独立しているか
既存の業務システムで近いものはあるか？
Yes
No
既存の業務システムを選定
業務フローはどう変わる？
スクラッチ開発を行う
価値はありそうか？
業務プロセスは
安定化しそうか？
開発のための
予算規模設定が必要

STEP6 システム投資の承認と全社共有

▼システム投資の承認を得る

選定作業が終われば、候補システムの比較評価や見積、決めた運用方法などに基づいて、最終的な投資承認の稟議書を提出します。内容としては、前回の稟議レビュー（業務プロセスの課題、解決方法、候補システム）、候補システム比較と絞込、初期費用、年次費用、運用方法、導入スケジュール、導入後の効果測定のためのＫＰＩ（１２３ページ）などがあげられます。

承認されたら、システムの発注、初期設定などの導入作業、運用者への説明、ユーザーや業務分析を実施した部署へのフィードバックを行います。

▼ＤＸ化支援サービスとは

ステップが進むごとに、コーディネーターの役割が重くなってくることがおわかりかと思います。社内での仕事量増大を考えると、社外にも積極的に支援を求める必要が出てきます。

そのために、私どものようなＤＸ支援サービスも対応できるコンサルタントが存在します。システム売り込みのためのファシリテートではなく、会社の課題解決に取り組みます。

KPIの設定

▼KPIとは

会社にとってシステム導入が投資である以上、経営陣からは導入効果がどうであったか報告を求められます。

KPI（Key Performance Indicator）は「重要な業績評価を行うための指標」の意味で、目標を達成するプロセスで大きく影響する要因をあらかじめ選び出し、その要因の達成度合いを定期的に計測するための「定量的な」指標を意味します。

「働き方改革」や「事業活動の革新」といった今回のプロジェクトの大前提がありました。システム導入は手段にすぎず、あくまでもこれらを達成することが目的であると記述しました。システム導入の効果があったかどうか、また、目標達成にいたるまでに、想定通りの成功曲線をたどっているのかを測らなければなりません。もしうまくいっていないのであれば、どのように挽回するのか、対策を練るアクションが必要になります。それを数値でわかりやすく示し、経営陣も現場社員も、誰しもが納得できる指標として活用するのが、KPIです。

往々にして、新しい業務フローの定着というものは、導入初期には運用や使用に慣れていないため、目覚ましい成果にはつながらないことがあります。それどころか、以前のプロセスよりも効率が落ちることもありうる話です。ただ、そういうものは、何カ月間か使用し、運用や使用に慣れてくると、徐々に効果が上がってくるものです。

ですから、段階的なKPI目標を設定することが大切です。段階的なKPI目標であれば、たとえ初期に効率が落ちても、「想定通り」ということで経営者も納得できるはずです。導入翌日から「売上は上がったのか？」と無茶な尋問にあうこともありません。

もちろん、プロジェクトに参画した現場の人達、システムを導入した現場の人達も、KPIによる評価に基づく成果を共有し、業績評価の一部になるようにし、活用や運用の積極的推進に引き続き協力してもらうことが重要です。

▼経営とKPIのコンセンサスを得る

この段階的KPI目標を現場の方だけで作るのはなかなか難しいと思います。管理職の社員とコーディネーターが協力してKPIを設定し、経営側とコンセンサスを得ることが大切です。

ちなみに、中小企業では、KPIの設定をしていない企業もあるので、例としてどんなものを設定すればよいか上げてみましたので、参考にしてください。

図3-12 KPI 設定項目の例

在庫管理システムの導入の場合

- □ 月末在庫金額の推移（千円）
- □ 在庫管理に要する時間推移（時間 / 月）
- □ 延べ欠品アイテム数（日・アイテム数）
- □ 欠品により在庫引当できなかった受注案件数（件 / 月）

など

交通費精算システムの場合

- □ 経理が要する会計業務時間（時間 / 月）
- □ 申請者が要する平均作業時間（分 /（人・月））

など

上記はあくまでも例。システム導入目的や課題、KPIの取りやすさなどに合わせて考える必要があります。また、導入効果を測定するので、導入前から測定する必要があります。

ＫＰＩは、本来はプロジェクト初期段階にはある程度念頭に置いておいた方がいいと思います。ただしプロジェクトの当初は、どんな業務プロセス改善をするのかがその時点でははっきりしてないので漠然としたイメージになると思いますが、少なくとも業務プロセスの課題に焦点を当てている段階にはイメージを深めておく方が良いでしょう。なぜなら、業務改善の目標を定めた際に、成果を図る指標がないと困るからです。投資はしたけども効果がわかりませんというのは、経営側は許してくれないことが多いです。

第4章

DX成功に向けた組織づくり、人づくり

何を導入するかと同時にどう導入するかが重要

▼ＤＸを推進する組織編成

ＤＸの推進役となる組織は、一般的に３パターンあると言われています。

【ＩＴ部門拡張型】 情報システム部門など、既存のＩＴ部門がＤＸも担当する。

【事業部門拡張型】 事業部門、つまり現場にＤＸ担当者を置く。

【専門組織設置型】 ＤＸを専門とする組織を新設する。

この中のどれを選択するかは、企業の実情によって異なってきます。ＤＸ推進の組織編成においては、**誰をコーディネーターに選ぶかが重要**だと私は考えています。コーディネーターは、将来のＤＸ化に関わるシステムユーザーと、ＤＸ導入を推進するメンバーとの橋渡し役で、業務分析のヒアリングの際に中心的な役割を果たします。

▼どんな人がコーディネーターに相応しいか

情報システム担当者がいれば、その人が担当するのが妥当でしょう。しかし、中小企業の場合、情報システム部が存在しなかったり、存在しても他の業務と兼任していたりすることが多いです。社内の人材だけでDXを推進するのは困難であるため、どうしても**外部人材の支援**を受ける必要が出てきます。その場合、コーディネーターは必ずしもDXの専門家である必要はないですが、DXのコンセプトを理解している人で、社内幹部、DX推進担当者やシステムベンダーとうまくコミュニケーションが取れる能力が必要となります。

また、DXの推進には、現場の業務分析が必要不可欠です。業務分析では、社内のいろいろな部署に立ち入って、細かい内容を聞き出さなければなりません。複数部門の仕事の経験がある、あるいは複数部門の仕事を知っていて、ファシリテーション能力やヒアリング能力が優れた人が望ましいです。

それから、システム導入後には、システム利用者とは別に、運用担当者を設置することがあります。その体制についての提案能力も必要です。

担当者クラスには、こういった能力や経験のある人はなかなか存在しないと思います。大企業ではコーディネーターを役員が担うこともありますが、中小企業ではそうもいかず、少なくともマネージャー以上のクラスになるか、外部への委託となるでしょう。

図4-1　情シス体制の実態

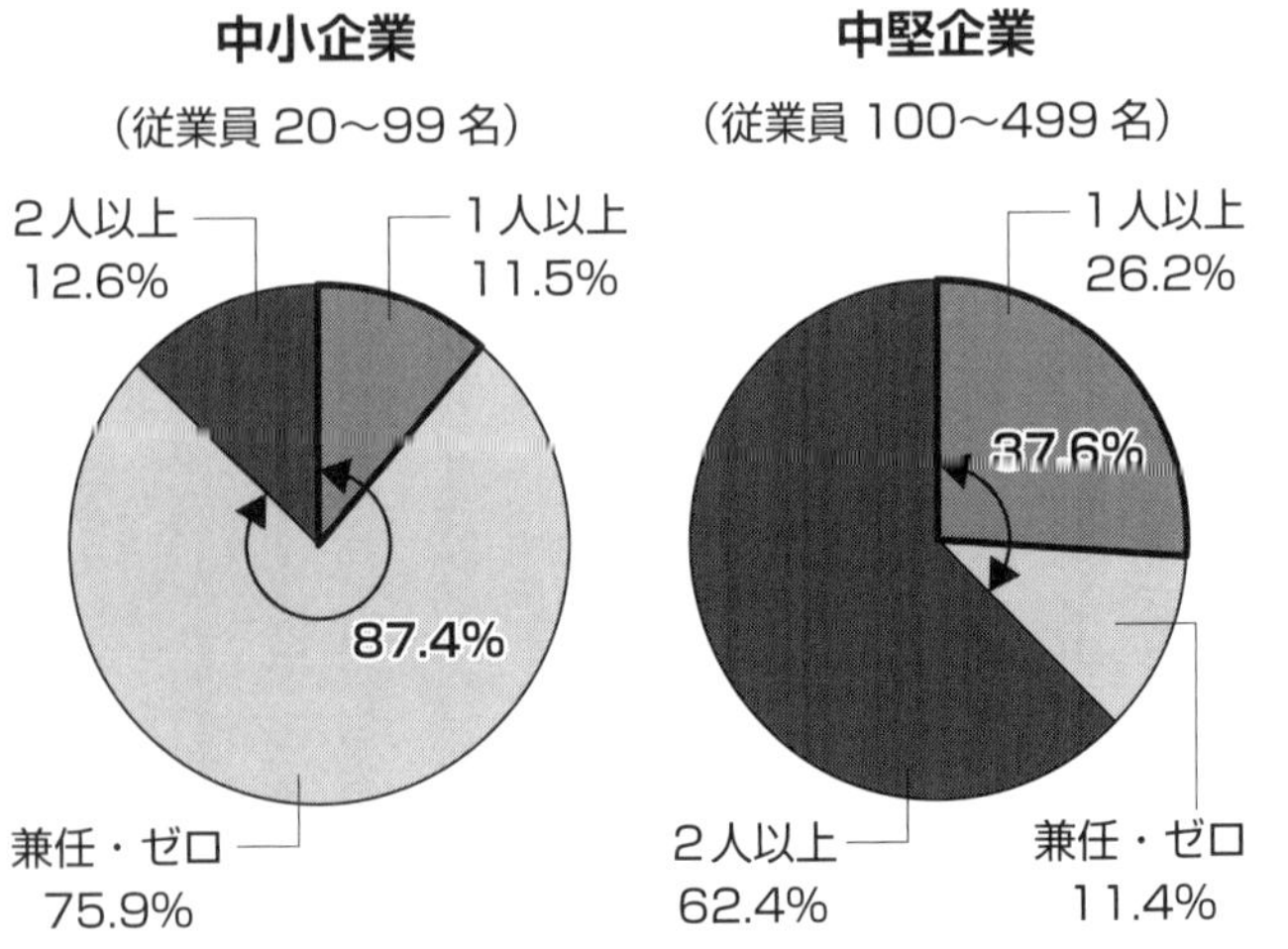

出典：一般社団法人ひとり情シス協会の資料（2022年1月）をもとに作成

▼ひとり情シスの場合

「ひとり情シス」という言葉が近年よく聞かれるようになりました。情報システムの担当を1人以下でやっている人のことです。中小企業では、9割近くがひとり情シスまたは情シス不在です。中堅企業でも4割近くがひとり情シスまたは情シス不在です。一般社団法人ひとり情シス協会で実施した調査結果です。

業務分析までは「ひとり情シス」でもできるかもしれません。しかし、業務分析が終わり、どのシステムを導入するかの検討段階に入ると、かなりペースダウンしてしまいます。現場や経営陣が関わって業務分析して課題が明らかになると、そこに関わった人から「いつ自分達の課題を解決してくれるシステムができあがるのだろう」という目が向けられ、周りが一斉に待ちの状態に入ってしまうのです。それに対して、推進するのが1人だけというのは、ペースが遅く見える上にプレッシャーも大きくのしかかります。

情報システム担当には既存業務もあるわけですから、それに加えてDXの導入をやっていくのは、かなりの負荷がかかります。残念なことに、それが苦痛になって、会社を辞めてしまう人も多いと聞きます。ですから、外部人材を入れることを前提にした方がよいのです。

▼外部人材の選定

中小企業メーカーが、業務分析やシステム導入に外部支援を依頼する際には、自社の業務分野に明るいのはもちろん、以下のような人材または企業に支援してもらうのが理想的です。

1）メーカーで複数の部門にわたって業務経験がある。
2）中小企業メーカーのコンサルティング経験がある。
3）メーカーで何らかのシステム導入の経験がある。
4）現場ニーズをもとに、候補システムの機能と運用方法を根気よく一緒に確認してくれる。
5）導入後の運用についてもアドバイスをしてくれる。

特に、業務分析が終わって、システムの選定～テスト運用までが情報システム担当やDX推進担当にとって大きな業務負担となります。スケジュールを遅らせないためにも、コーディネーターの補佐もしくはコーディネーターとして外部人材に支援を依頼するのは非常に有効です。

▼業務分析のモデルとなる人をシステム活用推進者に

業務分析をしていると、前述の「熟練者」中に、この人の業務のやり方に合わせた仕組みにすれば良いというモデルになる人が見つかることがあります。その人には導入活用推進の役割を与え、業務分析から、導入、使用推進、KPIの設定まで、ずっと関わってもらうのが良いでしょう。そして、その成果は個人の業績評価に結び付くようにすべきです。

図4-2 DX を推進する組織づくり

DX を推進する組織編成

【IT 部門拡張型】	情報システム部門など、既存の IT 部門が DX も担当する
【事業部門拡張型】	事業部門、つまり現場に DX 担当者を置く
【専門組織設置型】	DX を専門とする組織を新設する

外部人材の選定

中小企業メーカーが、業務分析やシステム導入に外部支援を依頼する際には、以下のような人材または企業に支援してもらうのが理想的である

1）メーカーで複数の部門にわたって業務経験がある
2）中小企業メーカーのコンサルティング経験がある
3）メーカーで何らかのシステム導入の経験がある
4）現場ニーズをもとに、候補システムの機能と運用方法を根気よく一緒に確認してくれる
5）導入後の運用についてもアドバイスをしてくれる

特に、業務分析が終わって、システムの選定～テスト運用までが情報システム担当や DX 推進担当にとって大きな業務負担となる。

コーディネーターの補佐もしくはコーディネーターとして外部人材に支援を依頼するのは非常に有効

全社で取り組まなければ失敗する

▼経営層の参画の必要性

ＤＸの導入にあたっては、経営層が参画し、責任を持って推進することが重要です。ＤＸに投資するかどうかは経営層が決定するものであり、そのためにはＤＸがどのように事業に貢献するかというビジョンを経営層が描けていなければなりません。お金をかけて自社を改革するのですから、単なる業務効率化だけでなく、「デジタル技術が新規事業をどう支えるのか」「デジタル技術を活用して既存事業をどう強化・拡大するのか」という、新規事業や既存事業に対するビジョンと、リソースのシフトの考え方が重要です。そして、経営層自らそのビジョンをしっかり語ることにより、ＤＸ導入の目的を明確にして、プロジェクトをスタートさせることが大事なのです。

▼突然ＤＸ担当と言われたら……

最初から経営層の主導でプロジェクトが進めばよいのですが、そうでないことも多いでしょう。あなたが何らかの管理職または実務担当者で、社長から突然「○○さん、明日からＤＸ担当だから。どうやってＤＸを推進するか考えてみて」と、言われた時どうすればよいでしょうか。もし、そんなことがあったら、次の二つをまず実践してみてください。

1）社長の考えを聞いてＤＸの目的を検討する

「せっかくデジタル技術を使ってＤＸを進めるのですから、新規事業に役立ち、既存事業も強化できるやり方がいいですよね？　社長のお考えを聞かせてください」と社長に質問してみましょう。社長ならば必ず考えを持っているはずです。その考えをしっかり聞いて、ＤＸの目的を検討してみましょう。

2）全社プロジェクトにするための承諾を得る

業務効率化ができれば、人員や労働時間をより付加価値の高い仕事に向けることができます。「現場の仕事の効率化も重要だと思うのです。社内全体の課題・目標を明らかにするために、どんな非効率な仕事があるのか、新規事業や既存事業強化のためにどんな業務プロセスを想定するのか、みんなで考えてみたいです。全社のプロジェクトにしてよいですか？」と社長に聞いてみましょう。ほとんどの場合、承諾してくれるはずです。

なぜ承諾してくれるのか。これについては、次のような調査結果があります。

図4-3 「DXへの取り組み」に関する調査

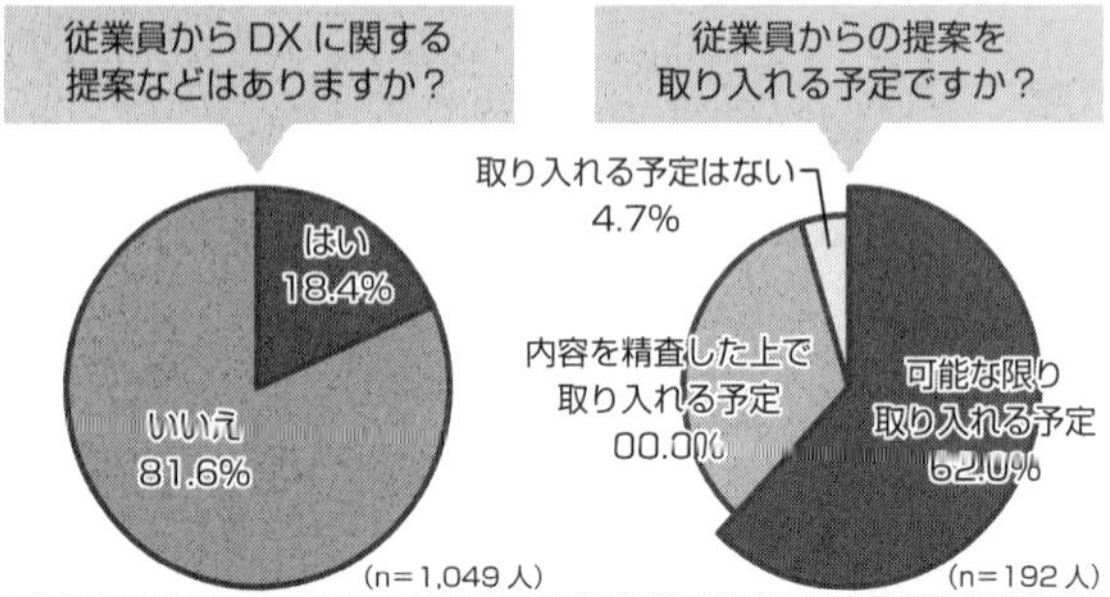

<調査概要：「DXへの取り組み」に関する調査>
- 調査機関：2021年2月26日（金）～2021年2月27日（土）
- 調査方法：インターネット調査　・調査人数：1,097人
- 調査対象：従業員数300人以下の中小企業のオーナー（経営者）
- モニター提供元：ゼネラルリサーチ

出典：2021年6月「PR TIMES」

リトルソフト株式会社（本社所在地：東京都豊島区、代表取締役：長尾寿宏）は、従業員数３００人以下の中小企業のオーナー（経営者）を対象に、「ＤＸへの取り組み」に関する調査を実施しました（２０２１年６月「PR TIMES」）。

「従業員からＤＸに関する提案などはありますか？」という質問の回答は、「はい（18・4％）」に対し、「いいえ（81・6％）」が圧倒的に多い結果となりました。

一方で、「従業員からのＤＸの提案を取り入れる予定ですか？」という質問では、「可能な限り取り入れる予定（62・0％）」「内容を精査した上で取り入れる予定（33・3％）」「取り入れる予定はない（4・7％）」となり、取り入れる予定があるという回答が95％以上となりました。

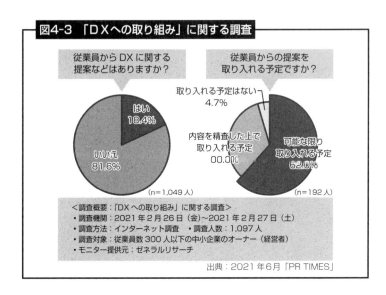

▼従業員も巻き込む

先ほどのアンケート結果からもわかるように、実は中小企業の社長はDXに前向きな考えを持っていて、従業員の意見も取り入れようとしています。DXが業務効率化や働き方改革に結び付くのであれば、会社全体でDX推進に取り組もうと考えるのは自然な流れです。特に「現場の業務効率化や働き方改革」「新規事業のための業務プロセスの設計（効果的・効率的な新規業務）」などについては、実際に現場で仕事をしていないとわかりづらいため、従業員に積極的に参加してもらって意見を聞きましょう。

▼失敗例

ERP（統合基幹情報システム）などの全社システムは、全社・全部門が参画しなかった場合、特定の部門が使いづらいシステムになってしまいます。忙しい部門などのヒアリングが抜けてしまうと、システムができあがるころになって初めて現場担当者が説明を聞くことになり、使いづらいシステムになっていて、一部作り直しになることも起こります。

また、新システムが稼働しても、旧システムが使える限りそのまま使用する人が出てくることもあります。新と旧の二重の運用となり、非常に非効率的です。導入時に、全員新システムを使うよう説明しておく必要があります。

経営者の一方的な考え方によるＤＸも失敗することが多いものです。経営者と従業員の両方が納得するものになっていなければならないということです。プロジェクトはトップダウンに近い形でスタートしますが、業務分析をやりながらトップと現場との間で情報・意見の共有を行うことが大切です。情報・意見交換が充分でない社長ほど、個々の現場から全社までどう動いているのか一覧で見られるダッシュボードのようなツールが欲しいと言います。社長のための見える化ツールです。もちろん、役に立たないことはありませんが、見える化のために現場の入力作業が増えてしまうと、現場でツールのメリットがほとんど感じられないことも多く、やがて利用が止まってしまうということがよく起こります。

図4-4　全社で取り組まなければ失敗する

経営層が参画し、責任を持って推進すること！

単なる業務効率化だけでなく、「デジタル技術が新規事業をどう支えるのか」「デジタル技術を活用して既存事業をどう強化・拡大するのか」という、新規事業や既存事業に対するビジョンを持ち、経営層自らそのビジョンをしっかり語る。

突然DX担当と言われたら……

実践

1）社長の考えを聞いてDXの目的を検討する。

2）全社プロジェクトにするための承諾を得る。

かつ、

従業員を積極的に巻き込む！

社員のＩＴリテラシーを考えた導入とその後

▼会社のＩＴリテラシーに合わせたシステム導入

システム導入時に、会社のＩＴリテラシーのレベルに合わせたシステムを導入する必要があります。誰が使うか、誰が運用するか、誰が初期設定するかにより導入システム候補は変わります。

例えば、ＲＰＡの導入において、プログラミング知識がない現場でも運用できるＲＰＡがありますが、動作指示を行う先のソフトウェアがバージョンアップすると止まってしまう可能性もあります。サーバーに組み込んで動かす仕組みを作れば、このような動作エラーはなくなりますが、運用業務はプログラミングができる情報システム部門に集中することになります。

▼上司がフォローする

新しいシステムが導入されると、うまく使いこなせる人、使いこなせない人のばらつきが必ず出ます。上司は個人の使用状況を把握し、うまく使えていない人のフォローをすることが大切です。上司が直接フォローできない場合は、使いこなせている人にフォローを依頼します。

稼働までに行うこととスケジュール

▼稼働までに行うこと

稼働までに行うことを順番に説明していきたいと思います。意外と負荷がかかる作業が多いため、関係者は把握しておく必要があります。

1　設定作業

既に書きましたが、システムが納品されてもすぐには使用できません。まず使用できるように設定作業が必要です。システムによってはかなりの工数がかかります。ベンダーに依頼することも可能ですが、導入前に費用を予算化しておく必要があるでしょう。

情報システム部門が行うのか、現場がやるのか、システム選定時から考えておきましょう。

2　テスト操作

設定を行った人がテスト操作して、画面が正しく動作するか、データ入力やダウンロードなどができるかどうかを確認します。

3　継続運用体制の確認・修正

テスト操作と並行して、システムを継続使用できるように、システムで使用するデータの更新方法、定期更新時期、運用担当者について、業務分析で描いた運用フローより詳細に決めておきます。事前に業務フローに描きますが、テスト操作後に気づくこともあります。

4 テスト試用

対象部門の1人〜数人に使用してもらい、決定的な不具合がないかどうかを確認します。

5 修正

テスト試用をすると、不具合が見つかることが多いため、設定の修正作業を行います。

6 説明会

ユーザー全員を対象とした説明会を行います。

7 操作フォロー

ユーザーの使用状況を上司が確認します。同時に課題確認もして、そのフィードバックをコーディネーターやDX推進者が受けることになります。

▼設定作業のやり直しとスケジュール遅延

4のテスト試用以降は、ユーザーの本音が出てきて、やっぱりこんな使い方をしたい、という意見が出ることもあります。意見を採用すると設定作業をやり直すことになり、複雑な設定作業の場合は稼働が遅れる原因となってしまいます。このようなことがあるかもしれないと、

図4-5 稼働までに行うこと

1 設定作業

システムによってはかなりの工数がかかる。ベンダーに依頼することも可能だが、導入前に費用を予算化しておく必要がある。

2 テスト操作

画面が正しく動作するか、データ入力やダウンロードなどができるかどうかをテスト操作で確認する。

3 継続運用体制の確認・修正

システムで使用するデータの更新方法、定期更新時期、運用担当者について、業務分析で描いた運用フローより詳細に決めておく。

4 テスト試用

対象部門の従業者に使用してもらい、不具合がないか確認する。

5 修正

テスト試用で見つかった不具合を修正する。

6 説明会

ユーザー全員を対象とした説明会を行う。

7 操作フォロー

ユーザーの使用状況を上司が確認。同時に課題を確認し、コーディネーターや DX 推進者にフィードバックする。

あらかじめ想定しておくことも大切です。

▼稼働後の対応

無事に稼働しても、ユーザーが慣れるまでは不満の声が必ず出てきます。1人だけでも良いのでうまく使いこなしている人を見つけて、使い方のコツを話してもらう機会も欲しいです。

一方で、課題を見つけた人の意見も聞いた方が良いと思います。すぐには改修できないので、それまでは我慢してうまく使いこなしてください、と声をかけておく必要があります。

どうしても改修できない部分は、正直に改修できないと伝え、我慢して使ってもらうしかありません。次回システムを導入する時には考えます、としか言えないと思います。できることといえば、代案を出すことです。システムでは直接実現できないけれど、こういうやり方ならあります、と提案できると良いと思います。

第5章

DXを実現するシステム・ツール紹介

中小企業メーカーで導入しやすいDXツール

本章では、実際に中小企業のDXに役立つ、クラウドツールを中心にご紹介します。多機能、高機能なツールが使いやすいとはかぎりません。導入コストや諸機能の必要性もよく考える必要があります。本書では、比較的知られていて、手ごろな価格で、中小企業メーカーで使いやすいと思われるシステムを中心に、私が選択肢として選びました。

なお、製品の情報については2023年8月上旬のものです。各社、よい製品、よい機能を生み出すべく、日々努力しているため、搭載機能、価格、サービス形態など変更になる可能性があります。また、新たな製品が登場していることもありますので、この書籍は参考にはしていただきたいですが、導入検討時には実際に最新情報を調べ、各社に問い合わせてください。

▼DXツール群の全体像

まず、ご紹介するツール群の全体マップを見ていきます。149ページの図は、今回導入を想定している中小企業メーカーが導入可能なデジタル化およびDXツールを類型化したものです。

工場で製造システムそのもののDXには、IoT、AI、3Dなどのデジタル技術を用いた

ＤＸが考えられ、これらは第1章でもご紹介したように、中小企業メーカーでのビジネスに大きく影響する分野です。しかし、製造分野によって投資内容や技術が大きく異なるので、本書では領域外とし、その他で使用するシステムを対象としています。

まず、**統合基幹業務システム（ＥＲＰ）**（Ａ-1）と呼ばれるものがあります。人事・給与管理、財務管理、販売管理など、企業の基本情報を連携して集約します。製造業で、工場を持って生産を行っていれば、生産管理、在庫管理などの業務も統合します。

統合基幹業務システムとは異なり、単独の各業務を管理する**業務システム**（Ａ-2）と呼ばれるシステム群があります。会計システム、給与システム、生産管理システム、在庫管理システム、販売管理システムなどが、業務システムの代表的な種類となります。

それから、バックオフィスで働く人、営業、製造現場の人も含め、社内事務作業の効率化を図るためのソフトウェア群があります。これが社内の事務作業の効率化を行う**グループウェア**（Ｂ）と呼ばれるシステムです。ちなみに、「**情報共有**（Ｃ）」についてはグループウェアの一つですが、無料の独立したサービスを使うことも可能なので、独立した分類にしました。

メーカーにとって生産と共に重要な活動は、既存顧客の維持と新規顧客を通じた売上の拡大です。それらに関わる**売上アップのためのＤＸツール**（Ｄ）として、顧客情報を集める際の**名刺管理システム**、そして、インターネット上で集客したり情報を伝えたりするための**ホーム**

ページの制作を支援するツール（CMSツール）があり、新規見込み顧客を獲得して、状況に応じた適切な情報提供を行い、顧客になる可能性が高い見込み顧客を営業に渡す支援をする**MAツール**、見込み顧客や顧客に対する営業活動を管理するための**営業活動管理ツール（SFA）**、インターネットで製品を販売するための**EC販売プラットフォーム**、顧客とのアクセス履歴を管理したり、顧客のロイヤル化を支援したりする**CRMツール**、これら営業活動で得られる売上を管理し、顧客を分析するための**売上管理・顧客分析ツール**があります。

そして、補助ツールとしてそれらのデータを連携させるための**データ連携ツール**、作業を自動化するための**RPAツール**があります。

中小企業メーカーが売上アップを図るための**導入優先順位としては、図の①、②の順がお勧めです**。①は売上の維持拡大を図るための必須事項です。

以降のページで、**①、②の順序でご説明**していきます。

図5-1　ツール群の全体像

A	A－1　統合基幹業務システム（ERP：Enterprise Resource Planning）	P187
	人事、給与管理、財務管理、販売管理、在庫管理、製造管理を統合管理。	
	A－2　業務システム	
	単独の業務管理システム（会計システム、給与システム、生産管理システム、在庫管理システム、販売管理システムなど）	
B	社内事務作業の効率化（グループウェア）　D とは別に社内効率化のために平行して導入	P195
	精算システム	
	スケジュール管理	
	会議予約システム	
	ワークフローシステム（承認システム）など	
C	情報共有機能（チャットなど）	P195
D	顧客の獲得、顧客の管理を通した売上アップのための DX ツール	

		お勧め導入順位	
4	名刺管理システム	①	P169
5	ホームページ制作・管理ツール（CMS）	①	P150
6	MA ツール（見込み客リスト作り）	②	P174
7	営業活動管理ツール（SFA）	②	P179
8	EC 販売プラットフォーム	①（実施予定があれば）	P155
9	CRM ツール（顧客ロイヤル化支援）	②	P185
10	売上管理・顧客分析ツール（顧客、商品、営業部員別管理）	①	P158
11	補助ツール（データ連携ツール）	②－2（必要あれば）	P198
12	RPA ツール（作業と自動化）	②－2（全体の構成がまとまってからが望ましい）	P203

ホームページ制作・管理ツール（ＣＭＳ）

▼どんなツール？

「ＣＭＳ」とは、「Contents Management System：コンテンツ・マネジメント・システム」の略です。**自社ホームページを制作し、一部自社運用も可能とする**するツールです。

後述しますが **WordPress** が最も有名で使用率も高いです。

▼今までできなかった何が可能となるのか

ＣＭＳツールを使うと、以下のようなメリットがあります。

①ＨＴＭＬなどのプログラミング言語を知らなくても**ホームページ（以下ＨＰ）**を作れる。

②ＨＰの枠となるテンプレートを選んで使える仕組みになっている。

③Ｗｅｂサイトのコンテンツを構成するテキストや画像、デザインなどを一括管理できる。

④ＳＥＯ内部対策（キーワード検索での上位表示にするためのプログラミング）が簡単にできる仕組みが整っている。　＊以下「ＳＥＯ対策」と省略

⑤テンプレートによるページ構成もわかりやすいので、大きく構造を変えるのでなければ社

内で更新も可能。

⑥パソコンとスマートフォン両方の画面への対応が楽にできる（インターネットの利用機会の7割がスマホです）。

ＨＰの運用の一部あるいは全部を内製化したい、という中小企業メーカー社長は多いものです。10年ほど前に「自社ＨＰは企業の存在を証明するために作らないといけない（名刺のような目的）」という流れがあり各社ＨＰを作成しました。ただ、そのまま放置されているケースを多く見ます。新しい情報を加えてリニューアルした方が良いと思っていても、制作会社に相談すると費用も高いのでそのまま放置されている企業が多いです。

ＣＭＳを使ったＨＰ制作をコンサルティング会社か制作会社にお願いして、更新作業は制作してもらった会社に教えてもらいながら行うというのが一つのお勧め方法です。

▼きれいなデザインなだけでは意味がない

残念ながらＨＰデザイン会社の中には、ＳＥＯ対策の作業を省略したり、ＢtoＢマーケティングの知識が不足していたりして、適切なターゲット設定やＳＥＯ対策のキーワード設定の仕方がわからない会社も多いです。10年位前のＨＰにはＳＥＯ対策が全くなされていない形で制作されているケースも散見されます。私のお客様のHPの中にも近年作られた美しいデザインですが、SEO対策が全く施されていないHPを時々見つけます。車に例えると、ポルシェを素敵な特色で塗装しているが、エンジンもハンドルもついてない、という不思議なHPです。美しいデザインのホームページであることと、SEO対策が施されているかということは無関係です。

私がHP改修の相談を受けると、まずSEO診断を行い、初期制作会社にお願いするのが良いかどうかアドバイスし、必要に応じてより低額で品質の高い制作会社を紹介します。

私の方では、HP構成、メニュー、文章、イラスト、写真、動画、ダウンロードコンテンツ、SEO対策などをお客様と一緒に作ることに注力し、デザインは制作会社に依頼します。

SEO対策効果に一般的には半年かかると言われていますが、正しいマーケティング戦略を立て、きちんとしたSEO対策を行えば、ニッチな市場だともっと早く新規顧客が見つかることも経験しています。

▼製品紹介

日本で有名なのがWordPress、Wix、Jimdoの三つです。表の右に行くにしたがって、制作のための操作が易しくなっていきます。その代わりテンプレートは少なくなり、自由度が減り

図5-2　ホームページ制作・管理ツール（CMS）

	WordPress	Wix	Jimdo
コスト	◎ 無料（別途サーバー代）	○ 月額500円～2,700円	○ 月額0円～5,330円
操作性	△～○ ビジュアルエディタ・テキストエディタで執筆（中級～上級者向け）	○ ドラッグ＆ドロップで操作可能（中級者向け）	◎ ドラッグ＆ドロップで操作可能（初心者向け）
デザイン	◎ 自由にカスタマイズ可能	○ デザインテンプレート使用（800種類以上）	△ デザインテンプレート使用（40種類程度）
利用者数	◎ 世界シェア1位	○ 世界シェア3位	△ 世界シェア圏外
サポート	×～△ 基本的に自己解決だが、ネットにサポートするコンテンツは多い。	○ メール、チャット、電話	○ メール、Jimdoカフェ
SEO	◎ SEOを意識した内部設計、豊富なSEOプラグイン。	△ 最低限の対策しかできない、表示速度が遅い傾向にあるよう。	△～○ 上位プランでは基本的な内部対策は可能。

2023年8月現在

ます。

WordPressはデザイン性や機能面でカスタマイズする自由度が高くなっていますが、設定には少し専門的な知識も必要です。全世界のHPの約4割はWordPressで作られており、CMSの中では6割を占めます。日本ではCMSの8割がWordPressです（W3Techs 2023年1月）。大企業でもWordPressを使って制作されているのをよく見かけます。

EC販売プラットフォーム

▼どんなツール？

アマゾンや楽天といった外部提携モールでの販売ではなく、自社サイトでインターネット販売したい際に、低コストで自社販売しサイトが作れるフレームを提供してくれるツールです。

これにより、自社ECサイトが持てるようになります。BtoC市場に手軽に参入開始できるというのが大きな特長です（商品発送の業務は追加で発生します）。

▼導入することで、特に製造業にメリットとなるところ

業務用の食品をBtoBで販売していたメーカーが、新たにBtoC商品をテスト的に販売したい場合や、部品メーカーで、汎用的なパッキン、フィルターなど産業財の消耗品の受注作業を簡素化したい場合などに使えます。

また、アマゾンや楽天のように競合品と一緒に販売せず、独自の世界観を作りたい場合にも有効です。

同時に、アマゾンは最安値にこだわるので小さなライバルモールの動向に合わせてどんどん

価格を下げていくことがありますが、そうした価格競争に巻き込まれることは避けられます。

▼自社サイトに来訪してもらうための努力が必要

アマゾンや楽天やモノタロウは認知度が高く、来訪者の総数は多いですが、一方で競合商品も多くなります。自社サイトはそれとは全く逆で、他社にとらわれない自由な商品紹介ができますが、その分、ユーザーに来訪してもらうための工夫・努力が必要となります。そのためにはSEO対策やSNSやGoogle広告などとの連動が必要となります。SEO基本対策もある程度対応可能との説明があります。

しかし、既に楽天やアマゾンに出店している場合は、その取引を打ち切ってでも行うメリットと勝算が必要でしょう。例として、ある海外大手玩具企業は、価格競争が激しい大手モールを離れて独自サイトに切り替えたものの、売り上げが低下してしまったそうです。

▼製品紹介

ここでは、Shopify、BASE、STORESをご紹介します。

Shopifyは全プラン有料です。カナダの会社なので料金は基本的にドル設定です。アカウント数、オプションの機能などで料金に幅が出ます。

図5-3 EC販売プラットフォーム

<table>
<tr><th></th><th>Shopify</th><th colspan="2">BASE</th><th colspan="2">STORES</th></tr>
<tr><td rowspan="2">初期費用</td><td rowspan="2">なし</td><td colspan="2">なし</td><td colspan="2" rowspan="2">なし</td></tr>
<tr><td>スタンダード</td><td>グロース</td></tr>
<tr><td>月額費用</td><td>$33～$399

Shopify Plus は $2000～
※アカウント数、機能で異なる</td><td>0円</td><td>5,980円</td><td>無料プラン

0円</td><td>有料プラン

2,980円
※割安な年払いあり</td></tr>
<tr><td>取引手数料</td><td>0円（Shopify payment 利用時）
0.5～2%</td><td>3%</td><td>0%</td><td colspan="2">0円</td></tr>
<tr><td>決済手数料</td><td>3.25～4.15%</td><td>3.6%＋40円</td><td>2.9%</td><td>無料プラン
5%</td><td>有料プラン
3.6%</td></tr>
<tr><td>特徴</td><td>・アパレル製品の色・サイズ違いの商品販売をしやすい。

・海外販売に強い

・豊富な決済方法

・高度なサイト分析機能</td><td colspan="2">・簡単に開設可能

・テンプレートが豊富だが無料は限定される</td><td colspan="2">・倉庫配送代行サービスがある</td></tr>
<tr><td>入金手数料</td><td>0円
（毎週自動入金）</td><td colspan="2">2万円未満：750円
（事務手数料500円含）

2万円以上：250円</td><td colspan="2">定期自動入金は無料</td></tr>
<tr><td>SEO対策</td><td colspan="5">それぞれある程度は可能。比較検証なし。</td></tr>
</table>

2023年8月現在

売上管理・顧客分析ツール

▼どんなツール？

売上を商品別、顧客別あるいは顧客属性別、顧客担当者別にトレンド分析できるツールです。さらに売上予算との差異、売上見込みの分析もできます。

▼今までできなかった売上管理と顧客分析が可能になる

①**前年と比べた**トレンド実績がわかる。
②**商品別**売上などが分析できる。
③**顧客別**や顧客属性別に売上分析できる。
④**担当者別**や組織別の売上分析ができる。
⑤担当者の**売上予算と実績の差異**が確かめられる。
⑥担当者の**売上見込み**と、**売上予算との差異**分析ができる。

特に、担当者の売上見込み入力は、手作業ではなかなかできない機能です。

※【予算の意味】前述のように、**予算**はこれまでの市場トレンドに加え、マーケティングやプロモーション投資を考えた上で、きちんとした販売活動を行えば届く売上数字です。**目標**という言葉を使うのを避けたいのは「手が届けばいいなあ」という願望が入ってしまいがちなので、予算〝あらかじめ計算した達成可能な数字〟を使いたいからです。

▼マーケティングのための重要データが得られる

顧客の状況（成長している顧客、沈んでいる顧客）、**商品の販売状況**（前年比較による事業の成長度合い、好調な商品、不調な商品）などがわかります。また、**予算との差異**もチェックできます。

このような分析ができる仕組みがあれば**月次でPDCAサイクル**を回して今年度の予算達成に向けて効果的・効率的なマーケティング、販売活動が進められ、さらに、来年度に向けて適切な予算が組めて良い結果を得ることができます。

なお、大企業は、こうした分析を昔からどこでもやっています。

大企業に限らず、比較的多くの商品、多くの顧客に販売している中小企業メーカーは売上分析ツールの導入が必要だと思います。**PDCAを回しながら、いち早く課題を発見したり、ビジネス拡大の機会を見つけたり**できるからです。

また例えば、大手企業の傘下を離れた中小企業メーカー、リスク回避のためにグループ会社に対する売上依存率を下げようとしている中小企業メーカーなどは、**売上管理・顧客分析のDX**によって経営の革新を図る必要があります。

▼きちんとしたマスター管理が重要

商品マスター、顧客マスター、営業部員および組織マスター、顧客の営業部員担当マスターをきちんと管理していないと先に書いた集計がうまくできませんが、きちんと管理できていない中小企業メーカーは実に多いです。

営業管理システムにも「売上分析機能」がついていることがありますが、前述のような詳細項目まで把握できなかったり、売上の一部でしか集計できなかったりするものが多いので注意が必要です。

メーカーが正確な実績を把握するには、出荷データを取り込みます。出荷データ（納品書に印刷される情報）はデジタルデータでどこかに格納されています。納品書を手書き作成している会社では、デジタルデータはないでしょうが、納品書の情報を印刷している会社では、出荷データを会計システムに流すためにたいてい格納しているはずです。

▼製品紹介

ここでは主に3種類の製品をご紹介します。

まず、この売上管理を**Microsoft の Access と Excel を駆使し、人海戦術**でやっている会社はよくあります。売上管理のデータ処理で一番難しいのが売上見込みの集計です。何人もの営業担当者の売上見込みデータを、全営業部員にもれなく入力してもらい、これを集計してマネージャーが確認するという仕組み作りと運用は、Access や Excel のマクロを活用することで可能ではありますが、多大な労力がかかります。

データの統合機能や集計の分野で、最近注目されているのが**「BI（Business Intelligence）ツール」**と呼ばれるものです。BIツールは、社内にあるばらばらに散らばったデータを集約し、集計、分析、グラフ化などをサポートするツールです。

BIツールの中で、中小企業メーカーの売上管理に使いやすそうなものとしては、まず**軽技WEB**と**Data Knowledge**が挙げられます。

BIツールを導入するには、一般的には「キューブ」という多次元データベースを設計しな

図5-4　売上管理・顧客分析ツール

Excel＋Access	ＢＩツール		一部のERP	稲村ビジネスコンサルティング 売上管太郎
	軽技WEB	Data Knowledge		
人海戦術。マクロを使った属人的技。 見込み入力・集計まではかなりの難易度。	ＢＩツールは一般的にキューブ（多次元データベース）を設計しないといけないが、専門的な知識が必要。 この２製品は、その必要がなく、比較的安価。ユーザーが直接必要なデータを使って直接Excel形式などでレポート作成。		カスタマイズが必要な場合も多い。	会員制の研究会にて2023年12月からテスト試用提供を予定。

2023年8月現在

ければならず、それには専門知識が必要です。ただこの2製品はその必要がありません。専用のデータサーバーに対象データを溜め込む形式になるので、多少スピードは劣るものの、使いやすさの点で、中小企業が導入するのにはお勧めできるかと思います。

また、**ERP**でも売上分析が可能ですが、先に説明した売上管理や自社に合わせた売上分析を行うにはカスタマイズが必要となることも多いようです。

売上管太郎は、中小企業メーカーが使用しやすい「売上管理・顧客分析システム」として稲村ビジネスコンサルティングで開発されたもので、テスト試用中です。

ホームページ制作・管理ツール（CMS）、名刺管理システム、MAツール、営業活動管理ツール（SFA）、CRMツール（顧客管理ツール）の流れ

▼顧客の購買プロセスと、自社のマーケティング・営業活動を考える

近年では、インターネット上に製品情報があふれ、製品購入検討者はかなり多くの製品情報を得ることができます。顧客と営業が商談する時には、既にどの製品にするか候補を絞り込んでいることが多いです。裏を返せば、自社が営業活動で潜在顧客を知る前に、顧客は自社商品の存在を知ることなく、他社製品の購入を決めてしまっている、つまり潜在顧客の取り逃がしをしているということです。

「悩み・課題を持つ潜在購入者」から自社製品に興味を持っていただき、さらに「自社製品がどのように悩み・課題を解決してくれるのか？」という情報に基づいて、自社製品を「購入対象の候補」に入れてもらい、さらに「他社との特長の違い・優位性」を充分知っていただく必要があります。

顧客の購買プロセスと、メーカー側のマーケティングおよび営業活動のプロセスを対応させたものが図になります。

既に説明したHP制作・管理ツール（CMS）の他に、名刺管理ツール、MAツール、営業活動管理ツール（SFA）、CRMツール（顧客管理ツール）については、図のような販売プロセスモデルを想定して開発されていることが多いです。CRMツール（顧客管理ツール）は図のように「顧客化した後の顧客管理ツール」と位置付ける場合と、「見込み顧客から顧客化した後までのデータベース」と位置付ける場合があるようです。

顧客が課題や悩みを認識してからの製品購買プロセスはおよそ以下のように描けます。

【課題認識】 日々の活動に何らか課題を感じ、できれば解決したいと思っている。

【課題解決の方法を理解】 課題解決の方法や解決できそうなツールの存在などを知る。

【製品の候補選択】 製品のHPに訪問したり、資料請求をしたりして、いくつかの候補製品があるということを知り、比較検討する。

【ニーズの最終確認と選択】 自身のニーズと製品の課題解決レベルを確認し、どの製品を採用するか決定し、購入する。

【使用後の満足、不満足】 購入製品を使用してみて、満足点や不満点を認識する。

このプロセスに従って、マーケティングおよび営業活動を行う側は以下のようなステップを

図5-5　売上管理・顧客分析ツール

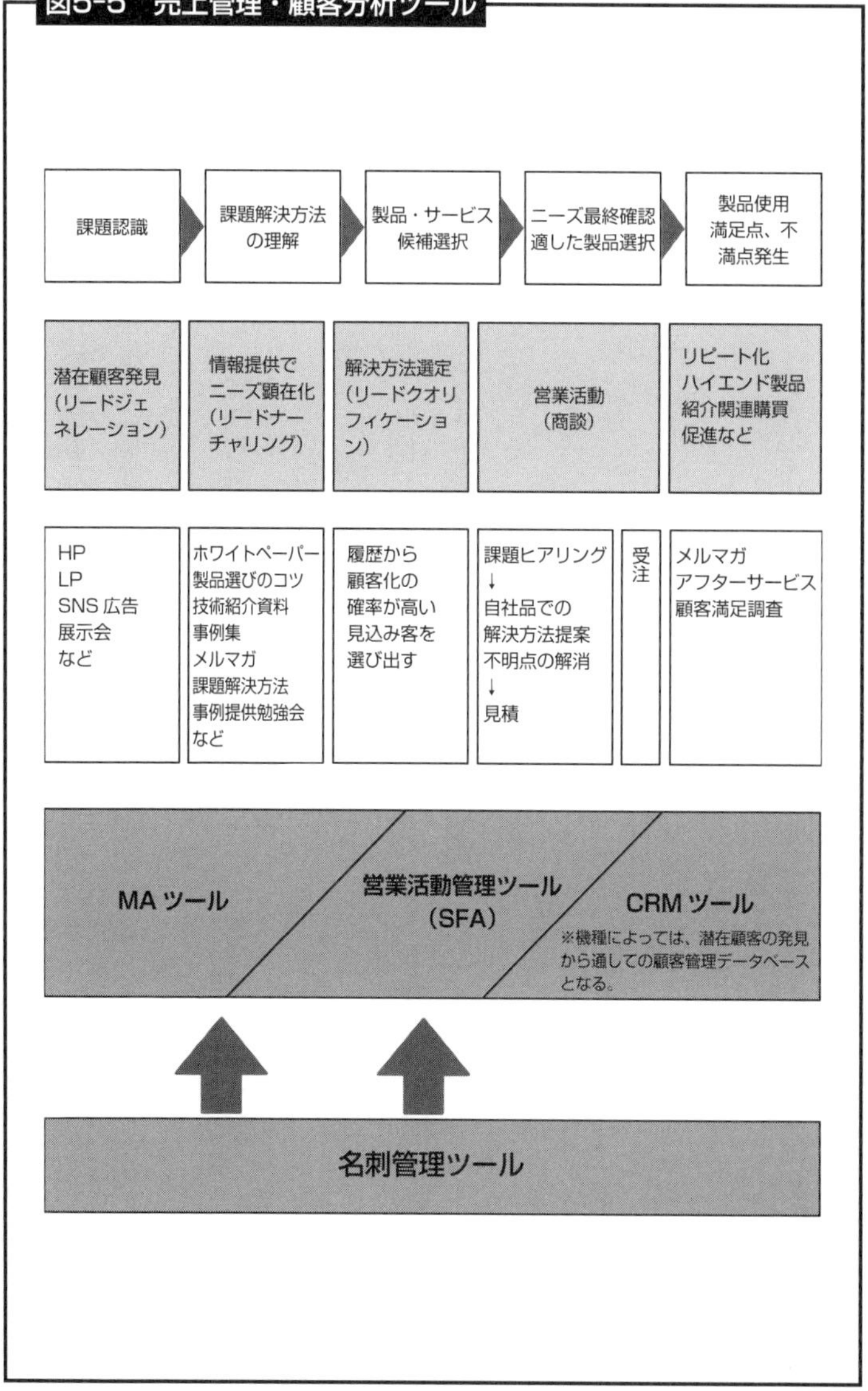

踏みます。「潜在顧客・顧客の行動」に対応する企業の行動の活動を記述しました。

課題認識↓**【潜在顧客の発見】**自社製品で解決できる悩みを持つ人を探す。

課題解決方法の理解↓**【情報提供でニーズ顕在化】**課題を感じる人にアクセスし、課題解決のための情報を提供し、必要に応じて潜在顧客のニーズをより詳しく知る。

製品の候補選択↓**【解決方法を選定】**自社の製品でそれが解決できることと、他社と比べた優位性を伝える。

ニーズ最終確認と選択↓**【営業活動】**商談などで、これまでに得た顧客情報や提供した情報・解決方法をレビューし、価格、支払方法を説明し、購買までのクロージングを行う。

使用後の満足、不満足↓**【リピート化、ハイエンド製品紹介等】**継続して使ってもらったり、別商品の購入を促したりする。不満点については正しい使い方がされているかなど原因を確認。

ここで、見込み顧客の発見から実際の購入後までの流れを支援するのが、ホームページ制作・管理ツール（CMS）、名刺管理ツール、MAツール、営業管理ツール（SFA）、CRMツールです。

ホームページ制作・管理ツール（CMS）や名刺管理ツールは、見込み顧客のリストを得るなどの役割をします。

図5-6　新規顧客開拓・マーケティング・営業活動に関連するツール群

名　称	目　的	主な用途・機能
ホームページ制作・管理ツール（CMS）	ホームページの制作・更新管理を支援する。	新規顧客からの問合せ、新製品についての問合せを受け、自社製品に関心のある見込み顧客リストを得る。
名刺管理ツール	各企業へのアクセスポイント、キーパーソンを登録、社内共有。	展示会・商談などで得た名刺。電子化各種ツールの顧客マスター（潜在顧客・見込顧客を含む）としても活用。
MA ツール（マーケティングオートメーション）	マーケティング活動の効果をアップ・効率化。	潜在顧客を見込み客化するための情報提供支援・活動管理。
営業活動管理ツール（SFA：セールスフォースオートメーション）	営業活動の標準化と効率化。営業部員ごとに活動ステップのボトルネックを知る。	商談・案件管理、営業活動の記録、分析、受注見込み集計など。
CRM ツール（カスタマーリレーションシップマネジメント）：顧客管理ツール	Aタイプ：顧客満足度やロイヤルティの向上。	新規・既存顧客のフォロー。ロイヤルティ維持と拡販。
	Bタイプ：顧客のデータベース化とアクセス記録。	各クラウドツールの顧客マスターの管理。

MAツールは顧客とのアクセス履歴を記録し、見込み顧客へのアプローチタイミングを示したり情報提供を支援してくれたりします。

営業活動管理ツール（SFA）は、見込み客の顧客化についてのプロセスを標準化し、新規・既存顧客への営業活動や進捗管理を支援します。

CRMツール（顧客管理ツール）には先に記した通り大きく**2種類**あります。一つは、購買した製品の関連製品の購買促進や、使用後のアフターサービスで、購入後のお客様を管理する目的としたツールです。もう一つの種類は、一連の販売プロセス（見込み顧客段階から販売後）の顧客データベースとしてのツールです。

▼お互いにデータ連携してより機能する

名刺管理ツール、MAツール、営業活動管理ツール（SFA）、CRMツール（顧客管理ツール）はお互いにデータ連携して、一連の販売活動を支援してくれるのが理想ですが、他の機能製品とデータ連携が容易に取れるシステムもあれば、連携に手間がかかるものもあります（64ページ）。

用途・目的別にツールを紹介していますが、自社の販売プロセス全体を見て、どの部分のシステム化が必要で、どの製品が相応しいのかを考えなければなりません。

名刺管理ツール

▼ツールの定義

名刺管理ツールは、名刺情報を効率的に管理するためのシステムです。紙の名刺をそのまま管理するのではなく、データ化してシステム上で管理します。スマートフォンやスキャナで名刺を撮影するだけでデータ化できます。有料のものは、社内で名刺管理情報が共有できます。

▼導入することで特に製造業にメリットとなるところ

「既存顧客として面談した人」「展示会などで会った見込み客」などのリスト管理ができます。MAツールや営業活動管理ツール、CRMツールと連携させれば、見込み顧客マスター、既存顧客マスターとして活用でき、より効率的な見込み顧客や既存顧客への販売活動や情報提供が可能となります。

▼製品紹介

日本で圧倒的なシェアを誇るのが、Sansan と Eight です。どちらも同じ会社が運営するもので、Sansan は法人向けに有料で提供、Eight は個人事業主や個人向けには無料で提供されています。Eight Team は有料ですが、社内が個人で保有する Eight のデータを共有できる仕組みです。

顧客データを社内で一括管理、共有して営業強化に活用できるのが Sansan の大きな特徴です。したがって、MAツール、営業活動管理ツール、CRMツールとデータ連携可能なツールを増やそうとしています。

また、ビジネス専用データベースサービスの日経テレコンと連携することで、部署が異動になったり肩書きが変わったりしたらそのデータを書き換えてくれる、というサービスもあります。

Eight は基本的には個人名刺管理ツールですが、有料の Eight Team に契約変更すると、社内の別の社員が持っているデータベースを共有することができるようになります。

さらに、Eight から Sansan にもデータを移行できるようなので、トライアルで Eight を使ってみて、その後 Sansan に移行することも一考かと思います。

また、MAツール、営業活動管理ツール（SFA）、CRMツール（顧客管理ツール）に付属している名刺管理ツールにも優れたものが出てきているので、それらのツール導入を考えている場合には比較検討が必要です。

▼導入における注意点

データを蓄えるだけでは意味がありません。共有した情報をどう使うかということを考えないといけません。

できれば顧客（見込み顧客、新規顧客や既存顧客）に対する営業活動のプロセスを標準化して、それを活動ツール化、システム化するというのが非常に望ましいです。

営業のやり方を見直し、標準化することも、売上向上、また人材育成には重要な点です。名刺管理ツール導入を機に、営業活動プロセスの標準化に取り組むことが大切になります。

MA ツール	営業活動管理ツール（SFA）中心のもの			
CustomerRings	ナレッジスイート (Knowledge Suite)	Mazrica Sales	e セールスマネージャー Remix	SalesForce Asistant
BtoC の MA、CRM ツール。EC 販売サイトの支援ツールなどとして評価が高い(国産)。販売チャネルの大部分が EC 販売の場合は候補に考えるべき。	シンプルで使いやすく安いという点が評価をされシェア累積2位。ユーザー数無制限で、名刺スキャニング枚数制限、サーバー容量などでプラン設定されている。 簡単な CRM 機能や、グループウェアツールも付属している。	外資系のものに比べると視覚的にも直感的な操作ができ、評価が高い（国産）。営業活動管理だけでなく、顧客管理の視点として MA 機能、CRM 機能も備わっている。	グループウェアとの連携により、スケジュールの二重入力の必要がなかったり、エクセル出力が容易（国産）。多品種少量販売の同一顧客への営業にも適している。	安価（予算が限られていて案件管理をしたい場合）。使用できるまでの設定作業にそれなりの時間はかかる。相対的に煩雑のようだ（国産）。
	50,000円、80,000円 / 月 ID 数無制限で、容量超過分は従量制。			
	○	○ Sansan 連携可能	Sansan 連携可能	Sansan 連携可能
○ BtoC 向け（特に EC 販売）	○	○		
	○	◎ 営業が抱える案件が多く、多様な場合はおすすめ	○	○
○	○	○	○ サービスエディションもある	

2023年8月現在

図5-7　名刺管理ツール／CRM／MAツール／SFA

網かけが一般中小企業メーカーへのおすすめ

	名刺管理ツール		総合系		MAツール
	Sansan	Eight	Zoho	HubSpot（含むCRM）	ListFinder
	各種クラウドシステム連携できるものが多い。日経テレコンなどの人事情報を基に、部署、肩書を更新	個人ユース（Team共有なし）だと無料。Eight Team（18,000円＋ユーザー数×500円）で社内のEightユーザーのデータ共有が可能になる。（～30名くらいまでを想定）	無料プランでも基本機能はある（150通までのメール一斉配信機能など）。グローバルとしてはユーザーが8000万人以上いて、日本ではまだこれから拡大が予想される。価格体系から考えても中小企業向き。	HubSpot CRMは全機能無料。しかし、メール配信をしようとすると、Marketing Hubの機能が必要となる。MarketingHubでは細かなアクションの条件分岐が設定できるなど、マーケティング機能は細かで豊富。	条件分岐を付けないなど、機能をコンパクトに低価格にしようとしている（国産）。
初期費用					初期100,000円
月額費用			CRM（顧客管理）機能にSFA（営業活動管理）機能が付いたプランが1,680円／月～で提供されている。 機能によって4プランあり。	同じ守備範囲で考えると、ZohoよりHubSpotの方が高くなるようだ。	39,800円／月：簡易スコアリング、メール配信、HPアクセス履歴、59,800円／月～：PDF閲覧履歴解析、フォーム作成、セミナー管理
名刺管理ツール	○	○	○ OCR機能あり Sansan連携可能	○ Sansan連携可能	手入力／CSV取込／データ化サービス Sansan連携可能
MAツール			○ Zoho CRMのMA機能はBtoB向け（BtoC向けにカスタマイズ可能）	○ MarketingHub 有料BtoB、BtoC向け	○ BtoB向け
営業活動管理ツール（SFA）	SalesForceと連携可能		○ CRMと連結して提案されている プランによって機能が異なる	○ Saleshub お試し＋有料2タイプ	
CRMツール	Zoho CRM、HubSpotなどと連携可能	HubSpotに連携可能	○	○ CRM無料	
他	ListFinderと連携可能			ServiceHub、OperationsHub	

MAツール

▼どんなツール？

MAとは、「Marketing Automation（マーケティングオートメーション）」の略で、「潜在顧客（自社商品に関連する課題や悩みはあるが、課題を解決してくれる自社・他社商品があることをまだ知らない客）」を、「自社商品の顧客候補」にまで導く手助けをしてくれるツールです。字面上は「マーケティング活動の自動化」という意味になりますが、これは大きな誤解のもとです。

164ページでも説明したように、潜在顧客が購買にいたるまでの一連の活動があります。その過程で見込み顧客のアクセス記録を自動化し、顧客化確率の高い人のリストを作成し、商談につなげられるようにしてくれるのが、MAツールです。Marketing Automation ツールというより、Marketing Assist ツールと理解する方がしっくりくるように思います。決して自動で売上が上がるようになる仕組みではないのでご注意ください。

▼MAツール導入によって何が可能となるか

見込み客に対して有益な情報を最適なタイミングで提供することで、自社製品への購買意欲を高めることを可能にします。

展示会で得た名刺情報、HPで技術情報をダウンロードした人、価格情報をダウンロードした人など、自社へのアクセスがあった人に対して、どのタイミングで、どんな情報を提供するかといったアクションシナリオをまず考えます。MAツールの仕事は、このシナリオに沿って、登録されたメールアドレスなどをキーに、潜在顧客のアクセス履歴を残すことと、一定のアクションを取った人に、決まったアクション（メール送信など）を設定することです。

また、経験的もしくは実績に基づいて、自社製品の購入確率が高くなった人を知らせたり、もしくは検索できる状態にしたりします。

▼製品・サービスに対するアクセス履歴を自動記録し、対応活動を標準化できる

問い合わせなど、アクセスの履歴を記録したり、監視したりというのは非常に手間がかかります。対応も営業部員によってばらばらになりがちです。これを標準化し、マーケティング活動を効率化します。また自社製品・サービスに関する情報提供に関する作業も効率化できます。

さらに、対応方法を標準化することによって、その活動シナリオの効果を評価しやすくなり、

その改善方向が見つけやすくなります。

▼導入における注意点

MAツールといってもその機能に大きな違いがあるので注意が必要です。また、前述したように、決して「自動マーケティングツール」ではありません。顧客獲得のアクセスをどう生むか、そしてその履歴に対しどういうアクションでアプローチし購買につなげるかは、人が考えることが必要ですし、見込み顧客に提供すべき情報も人が開発する必要があります。

なお、大企業と比べれば、中小企業は顧客数が少なく、さほど顧客タイプによる施策を分ける必要のない場合も多いので、細かな機能は必要ない場合も多いでしょう。

▼製品紹介

MAツールとしてはSATORI、Marketoなどが有名ですが、中小企業メーカーにとっては専門的すぎ、かつ機能が多すぎて使いづらい可能性もあります。

お勧めとして、まず総合系ソフトウェアでは、**Zoho CRM**が挙げられます。①CRM機能として見込み顧客から取引先になるまでの顧客管理機能や、②MAツールの機能を一部持ち、③SFAの商談管理機能などを包含しています。価格体系の点から考えても中小企業が導入し

図5-8　MAツール

Zoho CRM

HubSpot

だれでも、無理なく、かんたんに。
List Finder

CustomerRings

SATORI

Marketo
An Adobe Company

2023年8月現在

やすいと言えます。

HubSpotはZoho CRMと似た総合系ソフトウェアです。①HubSpot CRMは、見込み顧客が顧客になり、そのフォロー活動をするための顧客データベースで、HubSpotのプラットフォームとして無料提供されています。おためし機能が少しついていますが、CRMだけでは実務使用が難しいので、必要なオプション機能と組み合わせて導入する必要があります。②MAツール機能、③SFAツール機能、④カスタマーサービス機能などがそれぞれ価格設定されています。

Zohoよりもコストは高くなる傾向にあるようですが、マーケティングを重視しMAに多機能を求める企業には評価が高いようです。

List Finderは機能がコンパクトで、その分低価格なものになっています。

BtoCでECサイトが主な販売チャネルだという企業には、**CustomerRings**がお勧めです。MAツールとしRMツールを搭載しており、EC販売サイトの支援ツールとして評価が高いです。

営業活動管理ツール（ＳＦＡ）

▼どんなツール？

営業活動管理ツール（ＳＦＡ）は、営業活動プロセスの標準化を行い、商談の履歴を残しながら、商談状況を社内共有し、営業活動の効果を高めようとする道具です。

ＳＦＡは「Sales Force Automation（セールスフォースオートメーション）」の略です。この〝Automation〟も、ＭＡ（Marketing Automation）同様、筆者は違和感を覚える言葉です……。

▼今までできなかった何が可能となるのか

属人的になりがちな営業プロセスを標準化し、営業活動の進捗管理をすることが可能になります。例えば、ある企業の営業活動は下記のようなステップに標準化できます。

ステップ１）見込み顧客リスト（担当案件リスト）が営業担当に割り当てられる
ステップ２）商談アポイントメント
ステップ３）顧客ニーズ・課題ヒアリング

ステップ4）商品・サービス提案
ステップ5）見積
ステップ6）受注

こうしたステップに対して、ＳＦＡは以下のような役割を発揮します。

・案件ごとに、今どのステップにいるのか、管理を行い（案件管理と呼ばれる）、進捗状況を客観的に知ることができます。
・営業プロセスのステップから次のステップへの遷移数、遷移率を、営業部平均と個人を比べることにより、個人の特性（弱み、強み）が明確になります。その数値に基づいて、営業スキル・活動の改善すべき方向が認識できます。
・顧客に紐づけて、商談の履歴が閲覧できるので、顧客とのビジネス商談経緯、キーパーソンがわかり、担当が変わった時に重要な情報が引き継がれます。
・営業活動による受注見込み金額、およびその総計を一覧できるようになり、見込み管理とそれに基づくＰＤＣＡ活動サイクルが短縮化できます。

▼SFAを導入することで特に製造業のメリットになること

見込み売上を早期に知ることができ、生産、在庫管理に反映できるようになります。また、BtoB営業で単価の異なる機械製品などを販売している場合、変動しがちな売上見込みを知るのに使いやすいでしょう。また、営業部全体のスキルのボトムアップが図れます。

営業の人数が少なければ、SFA導入の必要性は下がるでしょう。ただし、顧客が多い場合などもあるため、必要性が出てくる人数は業種にもよると思います。

▼導入における注意点

SFA導入の際には次のような点に気をつけるべきです。

・あれもこれも数値化しようとすると、担当者が入力する負担も大きくなり、データも充分活用されず蓄積されるだけになりがちです。

・「営業活動の見える化」をした後のアクションシナリオがなければ導入する意味がありません。先に管理したい事項を決めて、営業活動管理システムを選ばないと、役立たない可能性も多いと思います。すべての機能を使う必要はありません。

・グループウェアでスケジュール管理ツールを導入済の場合、SFAへの営業活動スケジュールと二重入力になることがよくあります。二重入力負担を少なくする仕組みやルール決めが必要です。

・**機能の違い、運用方法の違いについて数社には聞いて、比較し、自社に合ったものを選ぶ必要があります。システムベンダー側には、これらに加え、導入対象企業に合った販売活動管理全体のことや、使いこなし方を説明できる人は少ないようです。**見落としがちですが、これは重要なことです。外部のDX支援サービスは、こういった場合にも頼りになります。

▼よくある間違い

SFAで管理する営業活動が、「見積提案→受注」といった形式の売上とは別に、「消耗品などの顧客の自主発注」が多い場合、**SFAで管理できる売上見込み**は、会社全体の一部になります。その場合は、売上全体の見込み管理は前述の「売上管理・顧客分析ツール」を使う必要があります。

（例）

・製品の初期導入後のリプレース期間が短く初期導入後は顧客から自主的に発注が来る製品や、本体に付属する消耗品の発注が多い場合。

・一度お店に取り扱われると、お店の在庫が減ると継続的に発注がくる消費財など。SFAではプロモーション実施や初期導入による販売見込み管理に特化することになります。

単に「営業がさぼっていないか?」「何に時間を使っているのか?」を**管理職が知るだけを目的にし、現場に利益が少ない使い方をしていると、活用が頓挫してしまうことが多い**です。実際に、不可欠な営業活動が実行できているか(決められた顧客への決められた時期までの商談)や標準的な実行プロセスで弱い箇所はないか、などがわかれば、営業担当も計画性の向上やスキル改善につながるので継続使用するモチベーションとなります。

▼製品紹介

Zoho CRMの無料で使える基本機能には、SFA機能としての案件管理が標準装備されているので導入しやすいでしょう。MA機能の評価が高いHubSpotは無料CRMに有料Sales Hubを組み合わせると、案件管理もできます。

Mazrica Sales(旧Senses)は外資系のものに比べると視覚的にも直感的な操作ができます。少し価格は高めですが、営業の抱える案件が多く、多様な場合にはお勧めです。見込み顧客の段階から顧客管理ができるCRM機能もついています。

ナレッジスイート(Knowledge Suite)はシンプルで使いやすく、安いと言われています。

図5-9　営業活動管理ツール（SFA）

Zoho CRM	HubSpot	Mazrica Sales（旧 Senses）	ナレッジスイート（Knowledge Suite）	Sales Force Assistant
無料で使える基本機能には、SFA 機能としての案件管理が標準装備されているので導入しやすい。	MA 機能の評価が高く、無料 CRM に有料 Sales Hub を組み合わせると、案件管理もできる。	外資系のものに比べると視覚的にも直感的な操作ができる。営業の抱える案件が多く、多様な場合にはお勧め	シンプルで使いやすく、安いと言われている。機能を絞り込んでいるというのがセールスポイント。中小企業メーカーであればナレッジスイートの機能で充分ではないか。	安価で利用できるが、使用できるまでの設定作業にそれなりの時間がかかる。ある程度設定作業に時間がかけられることが導入条件となる。

「最低限必要な機能に絞り込んでいる」というのがセールスポイントですが、メール送信機能、名刺管理機能、MA機能の一部などもついています。企業内でのユーザー数が変わっても基本料金は変わりません。私見では中小企業メーカーであればナレッジスイートの機能で充分ではないかとも思います。

低価格帯の方では、Sales Force Assistant という安価で利用できるものもあります。Sales Force Assistant は安価ではありますが、使用できるまでの設定作業にそれなりの時間がかかります。ある程度設定作業に時間がかけられることが導入条件となると思います。

顧客管理ツール（CRMツール）

▼どんなツール？

CRM（Customer Relationship Management）ツールとは、顧客との関係性を管理するツールのことをいいます。顧客に対するマーケティング、営業、アフターサービス部門、保守点検部門、コールセンター部門などの顧客データを一元管理し、活動を効率化させるための、顧客データベースということができます。機種によって対応する部門や業務の範囲は異なります。

前述のように全社的な顧客データベース機能（見込み顧客を含む）を指したり、販売後の活動のみに対応するものがあったりします（167ページ）。また、MAツール、営業活動管理ツール（SFA）の一部を統合させたものがCRMツールと呼ばれていることもあります。

▼顧客と自社の関わりが即時にわかる

顧客データが一元管理できたり、購入後の顧客への活動管理ができたりします。

特に製造業では、機種によって、顧客からのクレーム時、問い合わせ時に、顧客と自社の関わりを即時に知ることができます。アクセス履歴、購入履歴に加え、販売後の満足度、不具合などの調査を加えてヒアリングすることなどによって、顧客のロイヤルティ形成に役立てたり、購入品の関連品やバージョンアップ品を案内するなど、長期的な売上拡大を目指す営業活動を支援したりします。

▼導入における注意点

CRMといっても、①顧客データベース機能だけなのか、②購入後の営業活動を支援するツールなのか2種類あり、組み合わせて使用できるMA機能、SFA機能も様々です。

さらに、機能の詳細を調べて、既に導入しているツールとの役割分担やデータ連携の可能性をよく確認し、自社に合った機種を選ぶ必要があります。

▼製品について

既存の関連ツール（MAツール、SFAツールなど）がない場合は中小企業が導入しやすい

Zoho CRM は有力な検討候補になります。

統合基幹業務システム（ERP）／業務システム

▼どんなツール？

ERPはEnterprise Resources Planningの略で「統合基幹業務システム」などと訳されます。会計管理、生産管理、販売・在庫管理、人事給与管理が主な領域で、経営資源（人、モノ、カネ、情報）を一元管理するのが目的です。業種・業態によって、業務内容が異なるため、製造業、流通業、建設業など業種に特化したERPシステムもあります。

統合基幹業務システム（ERP）と区別して、特定の業務（例えば生産管理）に特化したシステムを**「業務システム」**と呼んだり、前述の名刺管理ツール、MAツール、SFAツール、CRMツール、BIツールを**「周辺システム」**と呼んだりします。

▼導入で何が可能となるのか

事業運営に不可欠な主要データが一元化できます。企業内で業務システムが統合された形になり、主要なデータが一元管理できます。周辺システムの機能については、あらかじめ包括しているか、データ連携の仕組みを考える必要があります。

特に生産業務を抱えている企業では、生産管理、在庫管理、会計管理が一元化できるのは大きなメリットです。生産過程に発生する仕掛品（製造途中の製品）などを瞬時に把握することも可能です。食品製造では、品質検査前のものか、品質検査済みのものか、ロット別に判別でき、実際に出荷できる数量を把握することも可能です。在庫の適正化に必要なデータが参照できたり、生産効率を下げているボトルネックなどもわかってきたりします。

▼ＥＲＰに合わせた業務プロセスの変革も視野に入れる

複数の主要部門の統合システムなので、一般的に初期費用は大きくなりがちです。また、カスタマイズを行うとバージョンアップ時にも追加のコストが発生し続けます。

企業によって業務項目、業務プロセスが異なるので全部門にわたり現状に最適なＥＲＰであることは叶えられない場合があります。したがってＥＲＰに合わせて業務プロセスを変えていく考え方も大切だとされています。カスタマイズが多すぎてＥＲＰの大きなバージョンアップ時に再度必要なカスタマイズコストを負担しきれず、ＥＲＰの使用継続が難しくなるという事例をよく聞きます。

▼製品紹介

ここでは、中小企業メーカー向けのものということで、SMILE（大塚商会）、Oracle NetSuite、オービック（OBC）奉行シリーズ、SAP Business One、の四つをご紹介します。

SMILE は大塚商会が提供しているERPパッケージです。大塚商会は中小企業の特性をよく理解し、アフターサービスや相談窓口もしっかりしているので、お勧めです。生産管理システムには生産形態に合わせて種類が異なるパッケージがあったり、販売管理も製品のタイプによって数種類の異なるパッケージをそろえていたりします。幅広い業種で使われており、公開されている事例も多いので、メーカーの企業特徴に応じた使い方が探せることが期待できます。周辺システムとのデータ連携はCSV連携や、Qanat Airという連携アダプターを使います。

Oracle NetSuite は、初期の導入研修などをしっかり行い、できるだけカスタマイズしないような方法で進めるというふうなコンセプトで提供しているようです。機能も、最初に必要なもの、後から必要になってくるものという二段階でステップアップできるように設定しています（スモールスタート）。ただ使い勝手の面で厳しい評価も一部見聞きします。日本でのシェアはあまり高くないですが、クラウド型ERPの世界シェアNo．1を訴求しています。

中小企業メーカー向けに、ERPに近い業務システムシリーズとして有力候補になると思うのは、オービックビジネスコンサルタント（ＯＢＣ）の**奉行シリーズです**。私の顧客企業も導入しているところが多いようです。

オービックの奉行クラウドからは２０２０年に小規模企業向けの業務クラウドとして、**奉行クラウドi-Eシステム**を発売しました。業務別に、財務、給与、販売、仕入れ管理、固定資産管理、申告書作成などがラインアップされています。特長は以下の通りです。

・初期費用０円
・中堅・大企業が使用する奉行クラウドと同じ機能
・システム上位との違いはデータ量（伝票枚数、社員数）制限だけで、企業成長に応じて上位システムに拡張可能。

ただし、奉行シリーズには生産管理システムがなく、他社の適切なものを探す必要があります。

SAP Business OneはＳＡＰが提供している中小企業向けＥＲＰです。財務管理、購買管理、在庫管理に加えて、販売活動管理、顧客管理の領域をカバーしています（生産管理は簡単な仕組みにとどまる）。

これら5種類程度は見て比較してもいいのではないでしょうか。

図5-10　統合基幹業務システム（ERP）／業務システムシリーズ

SMILE V2	株式会社大塚商会が提供しているERPパッケージ製品で、販売、会計、人事給与などの機能に加えて、ワークフロー、販売管理などをオプション提供。 生産管理は関連パッケージとして生産革新シリーズあり。業種別に合った機能を提供している。 クラウド型としてSMILE V Airが主要機能を提供。
Oracle NetSuite	オラクルのクラウド型ERP。 販売、購費、在庫、会計の基幹業務から、CRH、SFAといった営業分野まで幅広くカバーしています。スモールスタートをして規模成長に応じてバージョンアップもできる。カスタマイズを少なくして導入研修のサポートに力を入れている。
オービック奉行クラウドシリーズ	小規模・中小企業向け業務クラウド （会計管理）　勘定奉行 申告奉行 債権奉行 債務奉行 固定資産奉行 （人事労務系）給与奉行 総務人事奉行 勤怠管理奉行 奉行労務管理電子化 法定調書奉行 （販売管理）　商奉行 （在庫管理）　蔵奉行　　　など 生産管理はない。
オービック奉行クラウドiEシステム	小規模な企業でも使えるように業務範囲を変えずに、扱えるデータサイズを小さくしてコストを抑えている。 会計・申告業務、人事労務業務、販売管理業務
SAP Business One	SAPが提供している中小企業向けERP財務管理、購買管理、在庫管理に加えて、販売活動管理、顧客管理の領域をカバー

検討にあたっては、初期費用に加え、維持コストをよく確認しておくようにしましょう（76ページ）。また、従業員1人当たりのコストなどの指標、どこまでの機能を持つERPが必要なのか、充分確認しておく必要があります。

なお、会計管理、生産管理、販売・在庫管理、人事給与管理をフルカバーしない業務システムとしては、前述のものより評価の高いものも存在します。例えば、会計ソフト**クラウドfreee**は、会計管理、人事労務管理、販売管理の一部として評価が高く、**弥生シリーズ**は、会計管理と販売管理を中心に販売されますが、ユーザーの高い評価を得ています。

ちなみに、ここでいう販売管理システムとは、企業の販売管理業務における一連のフロー、すなわち、見積書の作成から受注・売上管理、請求書の発行、入金管理などを実現するために利用するツール・システムをいいます。製品によって仕入れや在庫管理、債権管理、集計・分析といった機能も持っていたり、システムによって備えている機能が異なります。

▼導入にあたって

新しいERPシステムを導入しようとする場合、既に一部もしくはすべての業務領域で、なにがしかのシステムを使用している場合が多いと思われます。その場合、現在のシステム使用を中止するのか、継続使用するのか検討が必要です。

継続使用する場合は、補完システムとして使用する、ＥＲＰの機能より優れているから、等の理由を明確にして業務プロセスの中での位置付けを確認しておく必要があります。というのも、「古い仕組みに慣れているから」その方が良いという従業員は意外と多く、抵抗が結構起こります。新システム導入により業務効率化が進むことを説得しなければなりません。

また、現システムを残す場合、データ連携の手段を考えておく必要があります。

▼2025年問題

ＥＲＰ業界では、ＳＡＰ社が長年トップシェアを守り続け、日本国内では約２０００社が導入していると言われています。ＳＡＰユーザーが現在直面しているのが「ＳＡＰ ２０２５年問題（後に２０２７年問題となる）」です。これは、２０２５年にＳＡＰの主要機種「SAP ERP 6.0」及び同製品を同梱した「SAP Business Suite」などの標準サポート終了によって起こると予測される問題全般を指します（２０２７年に延期）。経済産業省は２０１８年「ＤＸレポート～ＩＴシステム『２０２５年の崖』克服とＤＸの本格的な展開～」としてアラートを出しています。

日本国内のＳＡＰユーザーの多くが、独自の要件を満たすためのカスタマイズを繰り返し、カスタマイズされたSAPと業務プロセスへの依存性が極度に高まっています。

SAPはSAP S/4HANAを移行先として推奨していますが、従来のSAPとはシステム設計方法が違うので、移行にはカスタマイズ費用を含め大きな負担がかかると言われています。

つまり、ERPの入れ替えはSAPユーザーにとってシステムへの大きな再現性が迫られるのと同時に、業務プロセスそのものを大きく見直す機会になります。

これを機に、他システムへの移行を考える企業も出てくるものと思われます。

▼オフコン問題

基幹業務システムに絡む問題でもう一つ深刻なのが、オフコン・メーカーの事業撤退です。

オフコンは「オフィス・コンピューター」の略であり、事務処理に特化した小型コンピューターを指します。1960年代から中小企業を中心に普及しましたが、その後、採算が合わなかったり、新技術に技術者を振り向けたりするため、各メーカーは撤退の方向に進みました。

1990年代に東芝と日立製作所が、2015年にNECがハードの出荷を停止。IDC Japanによれば、年間出荷台数は2000年の1万台から、2015年は1000台にまで落ち込みました。さらにNECが2023年にOSの保守サポートを終了しました。

他のシステムへの置き換えを急いで検討しないといけない中小企業が増えています。

社内事務作業効率化のためのグループウェア

▼どんなツール？

仕事をする上で必須のメール機能をはじめ、スケジュール共有、情報共有、稟議書の回覧承認、ファイルの共有など、社内全員が使用する共通の仕組み（ソフトウェア群）をいいます。

▼製品紹介

比較的機能を広く持ち安価な順にNI Collabo 360、desknet's NEO、サイボウズOfficeの三つを挙げてみました。

NI Collabo 360は現在、1万社以上が導入しています。掲示板、回覧板、ファイルの共有、チャット機能、スケジュール管理、メール機能など、幅広い機能をワンパッケージで利用できます。

他社のサービスも似た機能を備えていますが、この中でNI Collaboは経費精算の機能を含んでいます。

desknet's NEOも484万人以上のユーザーが利用し、主だった機能は備えています。

サイボウズ Officeは約7万社が利用し、基本機能に加えて、多種類のカスタムアプリを提供しています。

なお、経費精算については、**楽楽精算**の評価が高いようです。

Google、Microsoftについてはファイル共有、チャット、スケジュール、メールの範囲であれば無料で使えますが、その他の機能が欲しい場合は、別製品のクラウドシステムなどとの併用が必要です。

図5-11 統合基幹業務システム（ERP）／業務システム

比較的広範囲な機能を持ち、安価なもの。安い順。

	NI Collabo 360	desknet's NEO	サイボウズ Office
導入	1万社導入	484万 以 上のユーザー	約7万社が利用
掲示板 / 回覧板	○	○	○
ファイル共有	○	○	○
チャット / バーチャル会議室 / メッセージ	○	○	○
スケジュール	○	○	○
メール	○	○	○
ワークフロー	○	○	○
会議室・設備予約	○	○	○
経費精算	○	○ オプション	
その他	・プロジェクト管理ツール ・ミーティングアレンジ機能		プレミアム契約ではオリジナルアプリ導入可能

2023年8月現在

データ連携ツールパッケージ（EAI／ETL）

▼どんなツール？

EAIとはEnterprise Application Integration の略で、直訳すると「企業のアプリケーションの統合」になります。EAIツールは複数のシステムで使用するデータを連携させるシステムです。自社で各システムに連携機能を追加しようとすると、開発コストも時間もかかるので、そうならないよう、複数のシステムの連携ツールをまとめて取りそろえたツールです。

企業は、売上データ、顧客データ、人事データなど、数多くのデータを扱っています。それらのデータは、自社サーバーのデータベースに保管されていたり、共有のファイルサーバーフォルダーにExcelやAccessデータの形式で保管されたり、クラウドサービスのサーバーにあったり、用途に合わせて様々な場所で管理・保管されています。

EAIは、異なる保管場所にあるデータを別のシステムで利用できるようにするためのデータ連携ツールです。

EAIと似た仕組みにETL（Extract Transform Load）があります。データウェアハウス（DWH）に定期的に各種データを書き出してストックし、そのデータを各種アプリケーションでシェアするという仕組みですが、データ連携ツール以外にDWH用サーバーを準備する必要があります。

▼様々なシステムをスムーズに連携させ一元管理

中小企業メーカーでは諸データ、特にマスターデータを、一元管理できていないのをよく目にします（29ページ）。精算システムや営業管理ツールなどの様々なクラウドシステムが登場し、特定の業務目的の領域で使いやすいことから、導入する企業が増えています。しかし、各システムに他のシステムとデータ連携するためのサポートツールやメニューが付属していたり、オプションで用意されていたりするシステムもある一方で（70ページ）、準備されていないものもあり、これが、マスター類の一元管理をしにくい理由にもなっています。

従来は、システムごとにデータ連携機能を開発しなければならず、膨大な時間とコストがかかっていました。しかしEAIツールは、多くのシステム製品との接続方法を備えているため開発の手間を省いて連携できるというメリットがあります。

▼導入における注意点

ソフトウェアそのものにデータ連携ツールが組み込まれているものもあるので、EAIは連

図5-12　EAIの仕組み

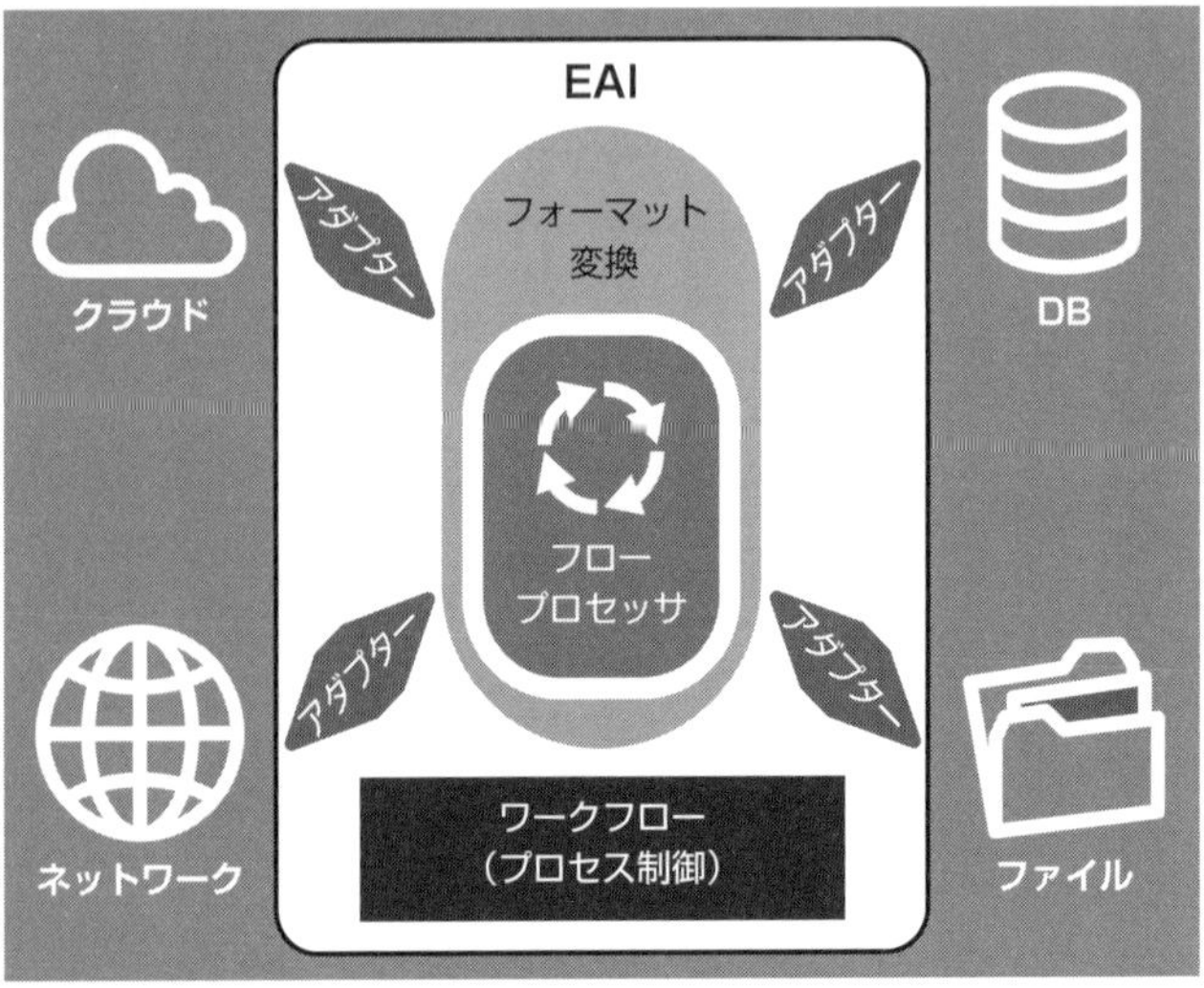

携ツールがない場合の次の手立てとなります。

すべてのソフトウェアのデータ連携ができるわけではなく、データ連携したいツールのサービス提供をしているか確認する必要があります。

自社の業務に使いたい連携アダプターが公開されていない場合、もしかすると使用実績がないために提供者から公開されていないだけかもしれません。中にはちょっと手を加えれば自社の連携に使えそうなものもあるかもしれませんので、とにかく聞いてみることが重要です。

▼製品紹介

ここではMagic xpi、ASTERIA Warp

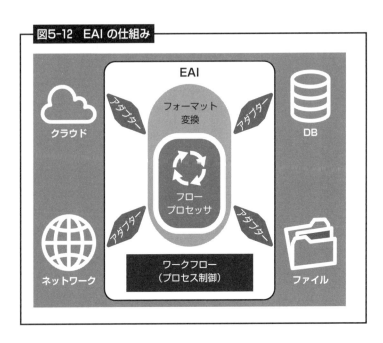

図5-13 EAI

アステリア		Magic xpi	JB アドバンスト・テクノロジー
ASTERIA Warp Core	ASTERIA Warp Core+		Qanat Universe
EAI ／ ETL		EAI ／ ETL	ETL
厳選した基本機能をパッケージ化	基本機能＋データベース連携を実現		
ASTERIA Warpの基本機能を厳選したシンプルで簡単操作が特長のエディション。 主に、ファイル連携や、Webからの自動データ取得などを行うことが可能。 まずベーシックなデータ連携をしてみたいという場合のスモールスタートに最適な製品。	基本機能に加え、データベースとの連携に最適なエディション。 データベースの移行期間だけ利用するなど、スポットでの利用も可能。	すべてのモジュールが自社開発で安定した動作保証。 多種類のトリガー機能（きっかけになることが起こったら、自動的に特定の処理を起動する仕組み）で監視ができ、さらに追加、更新、削除されたデータの差分取得することが可能とのこと。	クラウドベンダーに「ユーザーからAPI連携ツールの要望が多いが開発コスト・リソースが足りない」という企業を支援し開発を行う。
ノーコード	ノーコード	ノーコード	ノーコード
スケジュール起動のみ	スケジュール起動のみ	豊富なトリガー機能あり	スケジュール起動
Windows	Windows	Windows iOS，Android	Windows
30,000円～／月	60,000円～／月		

2023年8月現在

Core、ASTERIA Warp Core +、Qanat Universe の四つを紹介しています。

ASTERIA Warp Core、**ASTERIA Warp Core +**は、同社 ASTERIA Warp シリーズの基本版という位置付けです。シリーズ全体で９８００社を超える企業が導入しており国内シェアＮｏ．１です。ASTERIA Warp Core + は ASTERIA Warp Core と比べてデータベース連携機能が強化されているようです。

Magic xpi はイスラエル、インド、日本に開発拠点を持ちます。大きな特長は、変更前後の差分取得ができることです。この機能があるのは Magic xpi だけだそうです。また豊富なトリガー機能も持っています。

Qanat Universe はシステム会社とユーザー一対一では高コストになるＡＰＩ連携の仕組みを、複数ユーザーを対象に開発することでコストを抑え、安価にＡＰＩ連携を実現しようというサービス会社です。

RPAツール

▼どんなツール？

RPA（Robotic Process Automation）は、PCを使って行う定型的な作業（データ入力、転記、照合など）をソフトウェア（ロボット）が代行し、業務の自動化を実現するシステムです。

作業手順をフロー図に起こしシナリオとして定義したり、画面上の操作をそのまま記録、あるいは登録したりすることで処理内容をロボットに覚えさせ、自動的に実行できるようにします。

アプリケーションのマクロやシステムのバッチプログラムと異なる点は、ソフトウェアやクラウドサービスなどを複数横断して処理できることです。

▼今までできなかった何が可能となるのか

RPAツールを活用することで、次のようなことが可能になります。

・単純作業を、人と比較して圧倒的なスピードで行うことができます。
・ヒューマンエラー防止につながります（正確に作業ができる）。
・24時間、365日稼働させることができます。
・事務処理業務の軽減、働き方改革を推進できます。

これらによって、事務処理業務を軽減し、より創造的な業務、コミュニケーションが必要な仕事にリソースを割り当てることができます。

▼注意点

ＲＰＡには、

・イレギュラーなケースが多い業務には対応できない（臨機応変に対応できない）。
・定型作業への対応のみ可能（あらかじめ指定されたことしかできない）。
・複雑なことに対しては、条件を複数に分けた命令を明確に出す必要があるため、自動化プロセスを組む作業に時間がかかる。

といった特徴・弱点もあります。中小企業では専任の情報システム担当がいない場合も多いので、情報システム部門側でプログラミングが必要になるようなツールは避けた方がいいでしょう。現場で設定できるツールを採用することをお勧めします。

また、誰かが特定の業務内容の特定の工程をロボットによって自動化したものの、自動化した本人しかそのロボットが作業している業務内容や工程がわからない状況だと、エラーが発生した際、その人が休んでいて作業がストップしたり、担当者が代わると、どの工程をロボットが作業しているかわからなくなったりすることがあります。こういうことを防ぐために、**使用開始と共に管理シートを作り、用途、関連データ、およそのフローチャートをまとめて**管理部門に提出しておくなどの仕組みを用意しておくことが重要です。

また、継続的な活用推進を図るには、**効果の高いロボットを作成した人が、恩恵を受ける仕組みになっている必要があります**。例えば時間削減が実現できたような場合は金一封を進呈したり、賞与に反映したり、業務削減時間をより創造的または会社貢献しやすい仕事に向けたりするなど、会社の文化に合わせたモチベーション維持施策も必要です。

▼製品紹介

現場で使いやすい比較的安価なものを選びました。ここでは四つの機能で評価しています。

図5-14 RPA

機能	アシロボ	EzRobot	Robo-Pat
[スケジューリング機能] 実施スケジュールを登録し、該当する日時に自動的に処理を実行。	○	○ 無料アプリにて	○
[トリガー機能] 定期チェック機能により、フォルダーにファイル追加などされていれば起動。	○	○	○
[エラーフォローの設定] エラーが発生したときの動作設定ができる。	○	○	○
[ロボットの実行ログ] 実行履歴が記録される。	○	○	○

同種の機種としてBizRoboがありますが、今回は仕様について未調査です。

2023年8月現在

・スケジューリング機能……いつ実施するかを登録できる。
・トリガー機能……実行処理を起こすきっかけとなる何らかの動作を指定できる。
・エラーフォロー機能……エラーが起こった際の処理を指定できる。
・ロボットの実行ログ機能……実行処理した履歴を記録できる。

ここで紹介しているアシロボ、EzRobot、Robo-Patの三つは、いずれも基本的な機能があり、中小企業で使いやすい製品ではないかと思います。普通に現場で使えるものです。

第6章

中小企業の売上管理・顧客分析の悩みを解決する　売上管太郎

売上管理・顧客分析システムに必要な三つの機能

前述したように、大手メーカー、中堅メーカーの多くは当然のごとく売上管理の仕組みを持っています。営業担当は担当顧客の売上トレンドを見ながらその好調・不調を確認し、営業マネージャー、マーケティング担当者は全体の売上トレンドを見ながら目標管理のためのＰＤＣＡ活動を行っています。

残念ながら、中小企業メーカーでは、こうした活動が習慣化できていないことがまだまだ多いようです。私が見渡す限り手軽なコストで導入できる売上管理システムは、見あたりません。そこで、「稲村ビジネスコンサルティング・研究会」では、会員を対象に、売上管理システム「売上管太郎」を提供することにしました（２０２３年12月よりテスト試用開始予定）。ここで言う売上管理・顧客分析システムとは、主に三つの機能を持つと定義します。

▼（1）売上トレンドの中身「顧客の動向」を知る

売上のトレンドを顧客別に見ることによって、売上の不調要因や好調要因を探り、以降の施策計画を修正していくことが大切です。業態により、その見方は少し変わります。

①既存顧客の売上トレンドはどうなっているのか？
＊前年と比べて不調な顧客はいないか？　➡原因を探る
＊前年と比べて好調な顧客はいないか？　➡原因を探る

不調の原因を探りこれを解消し、売上の減少を食い止めます。売上好調な顧客がいれば、好結果を生む施策を探り出し、それを繰り返したり、他の顧客にも同じ施策を行うなどしたりして、売上の拡大を図ります。

②今年度は順調に新規顧客を獲得できているのだろうか？
➡計画通りに新規顧客の獲得が伸びていなければ、その原因を探り、改善のための施策を立案します。

ルートセールスのように顧客がほぼ決まっているような場合は新規顧客を獲得する活動の比重は低いのですが、特に製品の買い替えまでの期間が長いBtoBの企業では、既存顧客に加えて、新規顧客を獲得し続ける活動の比重が高くなります。新規顧客の売上比率が例年通り一定に推移しているかどうか、そういうこともチェックして計画通りに伸びていなければ、その原因を探って対処するということが大切になります。

③昨年の新規顧客は、今年も購入してくれているのだろうか?

➡購入していない顧客に原因をヒアリング

購入頻度が年に1回以上の製品を販売するB to Bビジネスでは、昨年新規で購入した顧客がリピートしてくれているのかどうか確認します。自社製品購入の継続/非継続には、自社製品の品質、顧客が正しい使い方をしてくれているか、サービスの良し悪しなどが大きく影響するので、その状況を把握することが重要です。

基本的には少なくとも毎月チェックを進めながら、予想していなかったことが起こっていないか確認し、異常があればその原因を確かめ、早く改善します。好結果が生まれていれば、それを繰り返す、あるいは横展開するという行動をできるだけ早く取ります。

メーカーでは、基本活動として月次などでPDCAサイクルを回すことが定着するのが望ましいです。大手・中堅企業メーカーではこうした活動を当たり前のようにやっています。しかし、中小企業メーカーではなかなかできてないところが多いのが現実です。

▼（2）売上予算設定を行う

前述した〝（1）売上トレンドの中身「顧客の動向」を知る〟ことと同時に重要なのは「予算設定を行う」ことです。年度の売上予算（適切な売上目標）を効率的、効果的に達成するために、商品カテゴリーごと、営業担当ごと、顧客ごとなどに売上予算を設定します。その上で、毎月の予算、また当月までの累計予算を達成するようにマーケティング・営業活動を行います。

予算は願望ではありません。マーケティング、営業活動をきちんと行えば手の届く数字を設定することが重要です。そのためには、前年度およびそれ以前の売上トレンドをよく読み込み、誰もが納得できる理由づけがなされる必要があります。予算は、あらかじめ算定された数字なので、目標という言葉と比べ達成できる合理性を持った数字です。そのためにも過去のトレンド分析ができる売上管理システムが重要になります。

予算が願望より低く、予算を引き上げたい場合は、そのための施策、活動、投資を追加検討し予算を引き上げる計画を作ります。

また、対予算の達成比率は、営業担当の業績評価としても用いることになります。モチベーションを高めるためにも、複数の営業部員に対して公平・公正な予算設定と、それを公正に測るための売上実績と予算達成率の集計を行う必要があります。

▼（3）売上見込みを知る

マーケティング・営業活動をきちんと実施していても、市場全体に働く外部要因や競争状況により、予算通りの実績にはならないことが多いです。管理者は、全体で、予算に対してどれくらいの売上実績になりそうか、という見通しを知りたいと常に思っています。そこで、営業各担当者に売上見込みを入力してもらい、その総和をつかみ、追加的な施策が必要かどうか検討します。

また担当者とマネージャーの間で、予算との乖離の原因を確認します。そしてマネージャーは好調な原因、やり方を他の営業部員に共有し、不調な原因については取り除くための方法をアドバイスしたり、他の顧客でカバーできないか、などの検討を行ったりします。

図6-1 売上管理・顧客分析システムの三つの機能

（1）売上トレンドの中身「顧客の動向」を知る

① 既存顧客の売上トレンドはどうなっているのか？
② 今年度は順調に新規顧客を獲得できているのだろうか？
③ 昨年の新規顧客は、今年も購入してくれているのだろうか？

基本的には少なくとも毎月チェックを進めながら、予想していなかったことが起こっていないか確認し、異常があればその原因を確かめ、早く改善する。好結果が生まれていれば、それを繰り返す、あるいは横展開するという行動をできるだけ早く取る。
➡基本活動として PDCA サイクルを回すことが定着するのが望ましい。

（2）売上予算設定を行う

商品カテゴリーごと、営業担当ごと、顧客ごとなどに売上予算を設定した上で、毎月の予算、また当月までの累計予算を達成するようにマーケティング・営業活動を行う。

対予算の達成比率は、営業担当の業績評価としても用いる。

（3）売上見込みを知る

営業各担当者に入力してもらった売上見込みの総和をつかみ、追加的な施策が必要かどうか検討する。

担当者とマネージャーの間で、予算との乖離の原因を確認し、マネージャーは好調な原因、やり方を他の営業部員に共有する。

不調な原因については取り除くための方法をアドバイスしたり、他の顧客でカバーできないか、などの検討を行ったりする。

売上管理システム「売上管太郎」制作の背景

中小企業メーカーの売上管理の課題1

売上管理のノウハウ不足

中小企業の倒産原因は7割以上が売上不振によるものです。リスクがどこに潜むのか、顧客の動向分析、売上実績と予算や前年との差異分析、売上見込み管理を行うのは売上不振の原因を知り打開策を考える有効な手段の一つです。

最近は、グループ企業を離れ、自力で顧客開拓を始める中小企業メーカーも多くなっています。しかし、グループ企業に所属していたメーカーでは、大手企業1社の生産計画に基づき受注するので、売上管理を通して複数の顧客の購入動向を分析したり、製品カテゴリーの販売動向の背景を分析したりする習慣やノウハウが欠落していることが多いです。

もし売上管理・顧客分析が充分でないのであれば、売上管理・顧客分析をＤＸの対象領域に考えていくことをお勧めします。

前項で挙げたような売上管理・顧客分析を実行するために、「売上管太郎」は次のような分析とそれに基づく活動を可能にします。

（ⅰ）前年、予算と比べての差異原因を早期に確認し、その原因を探り出します。原因はどの商品か？　どの顧客か？　どの営業担当か？　などについて分析します。そのためには、製品分類別、製品別、顧客別、営業担当別などによる分析を迅速に行う必要があります。

（ⅱ）「売上管太郎」による売上管理分析は、メーカーなら通常持っている「商品出荷時に伝票に印字するためのデータ」を取り込んで売上分析を行うシステムです。既存の商品マスターや顧客マスターをCSVデータでアップロードすることも可能ですし、「売上管太郎」導入を契機に、マスター類を整備するためのサポート機能もあります。

これにより、通常の会計システムではできない製品群別、製品別、顧客別、営業担当別のトレンド集計が可能となります。また顧客のロイヤルティ管理も可能です。

（ⅲ）マネージャーは、将来の見通しを正確に、素早く知らなければなりません。営業の見通しが積み上げられていれば、数カ月先の売上見込みを知ることもできます。（ⅰ）と併せて有効なＰＤＣＡサイクルによる販売活動が可能です。

売上管理・顧客分析に膨大な労力がかかる

前述の「売上管理、見込み管理、顧客分析はできている」という中小企業メーカーもあります。そのような会社では毎月ExcelやAccessを使っての膨大な手作業を行っているのを目にします。消費財メーカーであれば、自社から卸への出荷データだけでなく、卸からの小売店への出荷データも分析しないと自社製品の販売状況がわかりませんから、そういうデータを購入して、ExcelやAccessを駆使し相当な作業を行っています。

ERPをカスタマイズしたり、BIツールなどを導入したりすれば、売上実績管理、売上見込み管理、顧客分析は可能です。しかし、かなり高額なコストになることが多く、もっと広範囲な領域での活用を目的として使用しないと導入メリットを出しにくいようです。現在、売上管理という領域に絞った安価な分析ツールは見あたりません。

こうした理由から、中小企業メーカーでは、アイテム数が多いと、売上の製品分類別、顧客別、営業担当別のトレンド分析や予実管理も見込み管理もうまくできていないという会社が目立ちます。

こうした悩みに解決する機能をそろえたのが、「売上管太郎」です。

図6-2 売上管理の課題

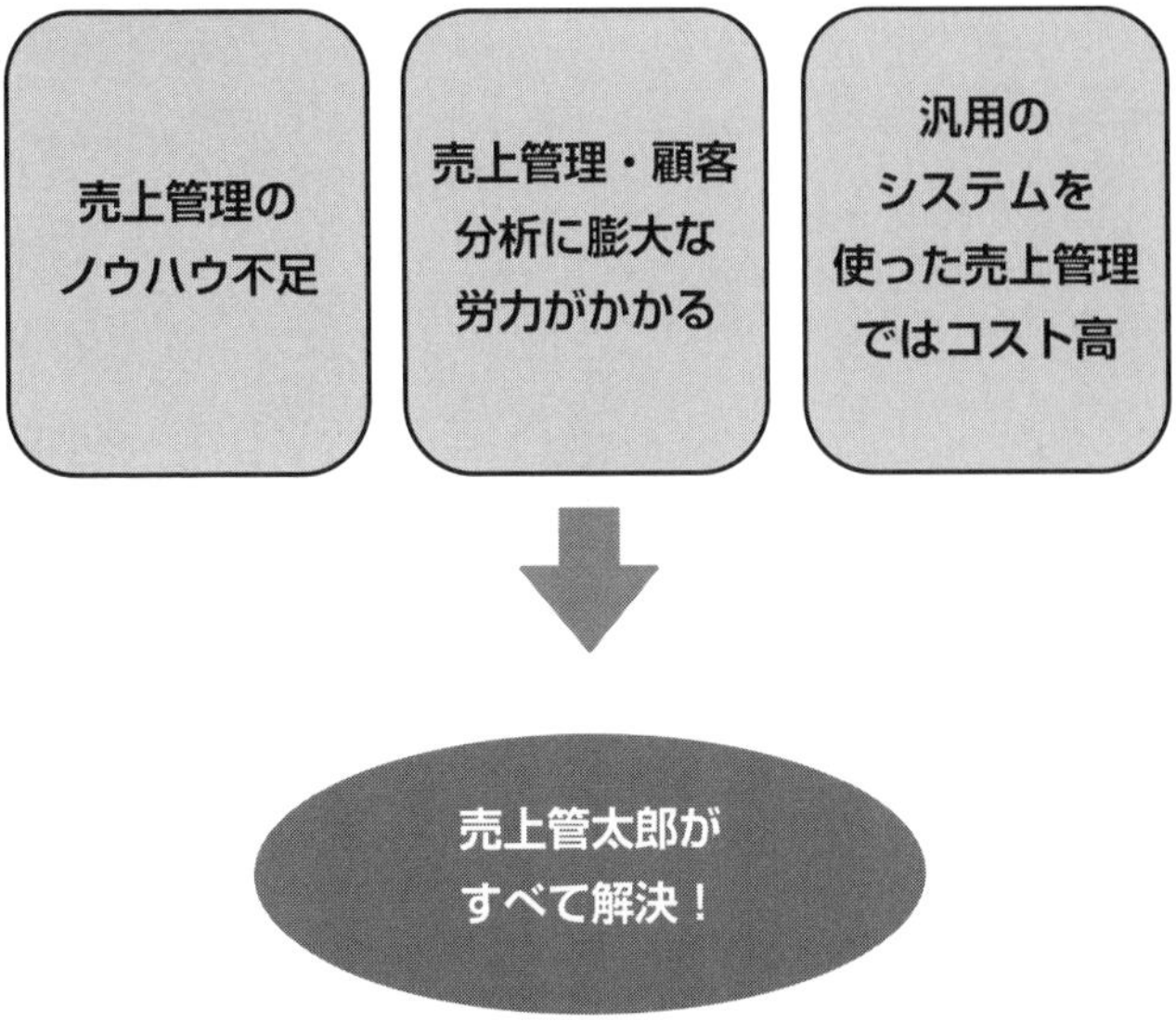

- 前年、予算と比べての差異原因を早期に確認し、その原因を探り出す。
- 出荷データを集計し、通常の会計システムではできない製品群別、製品別、顧客別、営業担当別のトレンド集計や顧客のロイヤルティ管理が可能となる。
- マネージャーは、現物の営業部員が積み上げた売上見込みを知ることができ、有効な PDCA サイクルによる販売活動が可能となる。

売上管太郎の性能、特長

▼特長

売上管太郎には以下のような特長があります。

・売上管理（売上目標管理、売上見込み管理、顧客管理）に特化した分析ツールです。これはおそらく日本初のものです。

・売上管理を行うために四つの分析機能とサポート機能が備わっています。

・ノーコード型で、売上データ、商品マスター、顧客マスターの社内既存データ構造に合わせてフィールド設計ができます。

・既存の商品マスター、顧客マスターに分析用の属性を追加できます。中小企業メーカーであれば商品マスターは管理されていても、カテゴリーやブランドなど分析したい項目が管理されていないことも多いです。その足りない属性を加えることができます。

・予算設定や見込み管理で起こりがちな煩わしい作業もサポートします。

・稲村ビジネスコンサルティング・ビジネス研究会会員にサービス提供を予定しています。

図6-3 製品の性能・特長

・売上分析に特化した分析ツール
（売上目標管理、売上見込み管理、顧客管理）

おそらく日本初

・データベース言語を使用しないノーコード型で、売上データ、商品マスター、顧客マスターの社内既存データ構造に合わせてフィールド設計ができる。

今流

・既存の商品マスター、顧客マスターに分析用の属性を追加できる。

裏技

・予算設定や見込み管理で起こりがちな煩わしい部分もサポート。

おそらく日本初

・「稲村ビジネスコンサルティング・研究会　会員」にサービス提供予定。
（2023 年 12 月よりテスト使用開始）

中小企業メーカーを強力にご支援

売上管太郎の四つの分析およびサポート機能

売上管太郎が実現する、四つの分析およびサポート機能についてご紹介します。

▼分析項目自由設定機能

月別の時系列分析が主軸です。事前の帳票レイアウト作成が不要。使いながら、使いやすい項目を選んでフォームを設定できます。

▼分析お助け機能

「商品」、「顧客」、「営業部署・担当者」の3軸で、前述の売上実績、売上見込みを分析し、PDCAの「C」をサポートします。

3軸共に、階層構造を持った設定が可能です。例えば商品では、事業➡カテゴリー➡ブランド➡アイテムなどのように、階層レベルを変えて集計できます。階層構造とは別に、事業の特性に応じてフレキシブルにカスタマイズできます。事前分析によって、昨年度以降の新規顧客などの区分を設定することも可能です。

図6-4 トップメニュー画面

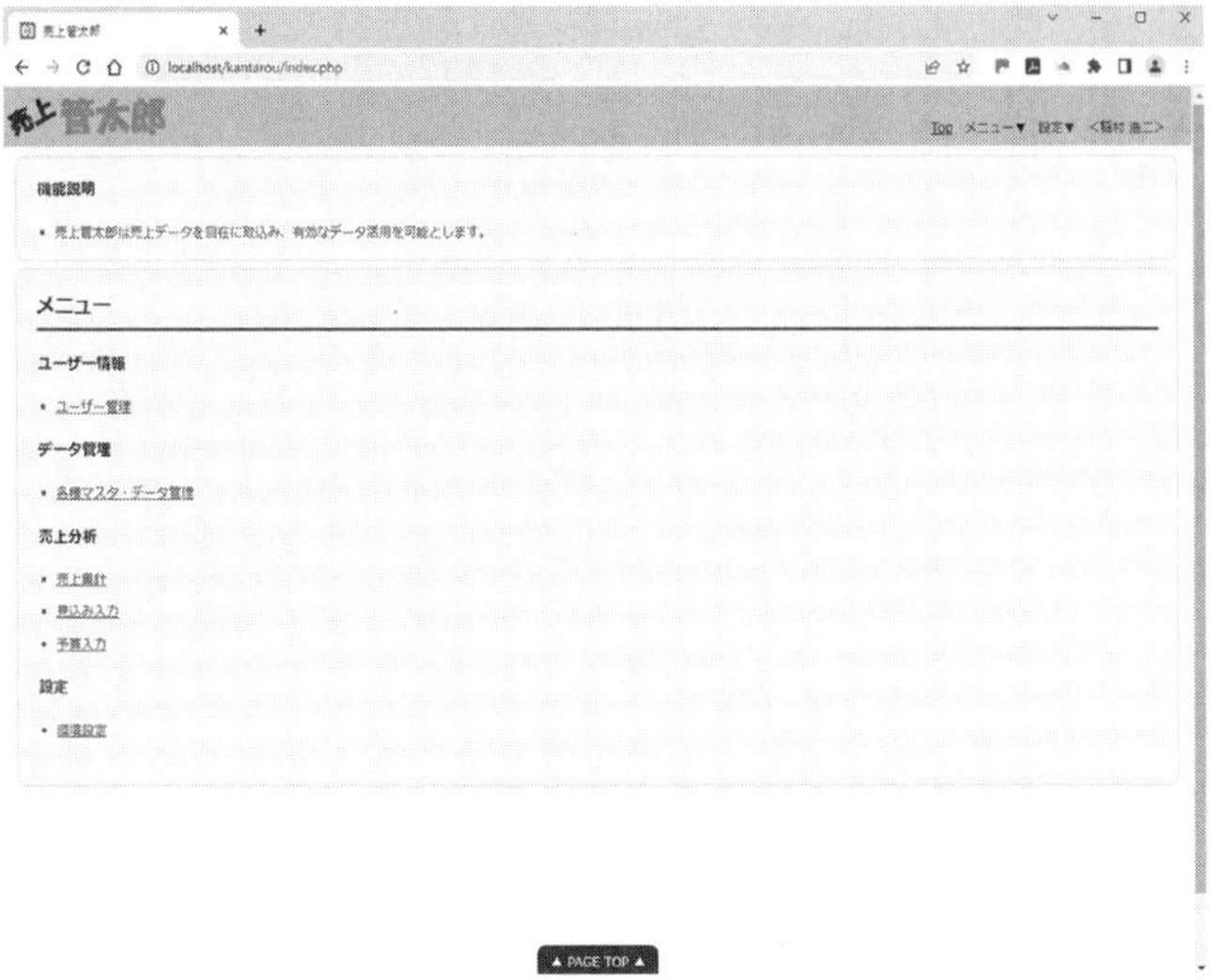

▼楽ちん予算入力

予算入力で起こりがちな煩わしい作業をサポートし、業務効率化を行い、PDCAの「P」をサポートします。

予算設定の作業は重要な仕事です。私は、営業部員50名程度の予算設定ならば、まる2日あればできますが、慣れないプレイングマネージャーだと、営業そのものの仕事もやりながら数週間以上もかかってやっているという話を聞いたこともあります。この面倒な作業を簡素化できる機能です。

▼楽ちん売上見込み入力

売上見込み管理で起こりがちな、煩わしい作業をサポートし、業務効率化を行い、PDCAの「A」～次サイクルの「P」を

図6-5　売上集計・顧客分析画面

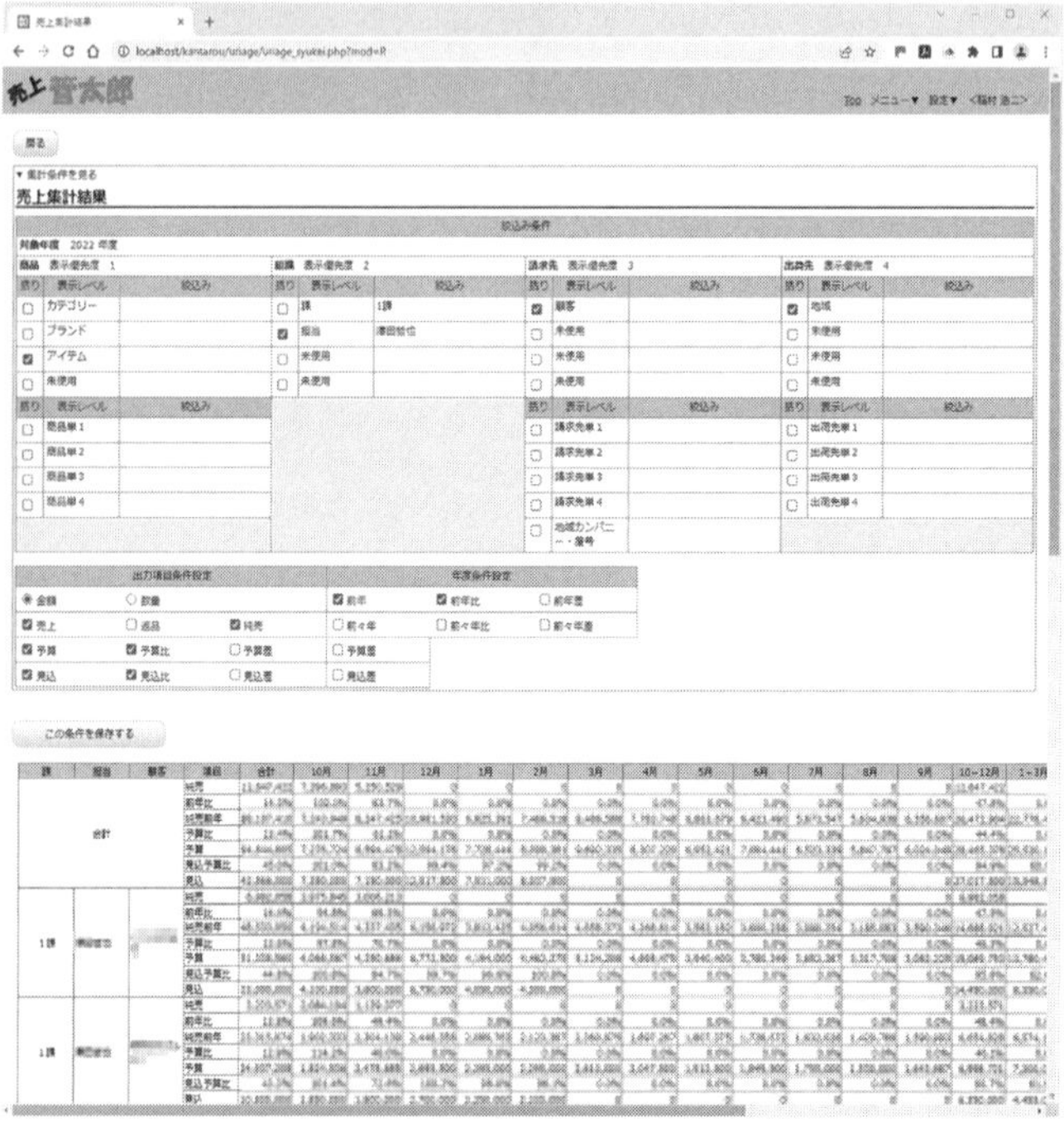

※メニュー構成や集計仕様は、改良のため断りなく変更することがあります。

サポートします。

各営業部員が月初に当月以降の売上見込みを作成し、入力作業を集計します。管理者により、営業部員が入力済であることを画面で確認してから自動集計に移れます。見込み入力や集計で起こる現場の煩雑さ、面倒さを軽減する機能です。

図6-6 予算入力画面

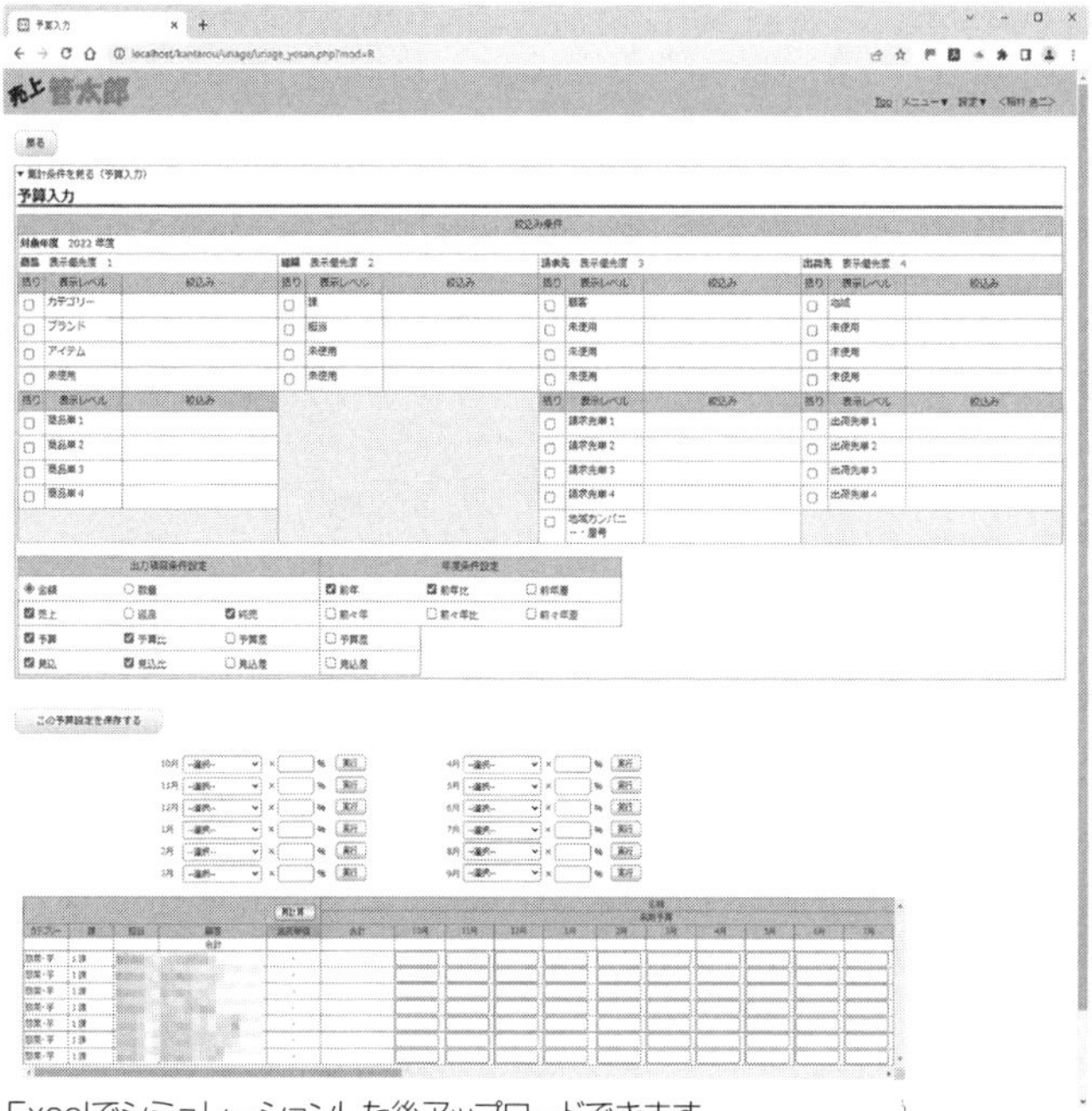

Excelでシミュレーションした後アップロードできます。

※メニュー構成や集計仕様は、改良のため断りなく変更することがあります。

［著者略歴］
稲村 浩二（いなむら・こうじ）
現在：稲村ビジネスコンサルティング代表。
新規事業開発、新製品開発、マーケティング、DX、販路開拓、営業強化、海外市場調査など、中小企業メーカーを中心に幅広く支援活動中。
職歴：花王株式会社、日本ヒルズ・コルゲート株式会社、大幸薬品株式会社にて、商品開発、新規事業開発、海外事業開発、マーケティング、流通開発、システム開発起案、市場調査、営業などに携わった後、2019年に稲村ビジネスコンサルティングを開業。
関西学院大学　　商学部　卒業。
大阪大学大学院　経済学研究科　経営学専攻　修士課程終了（ビッグデータを使った広告効果測定）。
日本マーケティングサイエンス学会正会員。

ＤＸ《ディーエックス》で売上拡大《うりあげかくだい》！
中小《ちゅうしょう》メーカーの変革実践《へんかくじっせん》ガイド

2023年12月11日　初版発行

著　者　　稲村 浩二

発行者　　小早川幸一郎

発　行　　株式会社クロスメディア・パブリッシング
〒151-0051 東京都渋谷区千駄ヶ谷4-20-3 東栄神宮外苑ビル
https://www.cm-publishing.co.jp
◎本の内容に関するお問い合わせ先：TEL（03）5413-3140／FAX（03）5413-3141

発　売　　株式会社インプレス
〒101-0051 東京都千代田区神田神保町一丁目105番地
◎乱丁本・落丁本などのお問い合わせ先：FAX（03）6837-5023
service@impress.co.jp
※古書店で購入されたものについてはお取り替えできません

印刷・製本　　株式会社シナノ

　ISBN978-4-295-40927-4　C2034